KB186831

오늘도 허겁지겁 먹고 말았습니다

오늘도
허겁지겁
먹고
말았습니다

초판 1쇄 인쇄 2022년 3월 23일
초판 1쇄 발행 2022년 3월 30일

지은이 린 로시
옮긴이 서윤정
펴낸이 이희철
기획편집 김정연
마케팅 이기연
북디자인 디자인홍시
펴낸곳 책이있는풍경

등록 제 313-2004-00243호(2004년 10월 19일)
주소 서울시 마포구 월드컵로31길 62 (망원동, 1층)
전화 02-394-7830 (대)
팩스 02-394-7832
이메일 chekpoong@naver.com
홈페이지 www.chaekpung.com

ISBN 979-11-88041-40-4 03190

값은 뒤표지에 있습니다.
잘못된 책은 바꿔드립니다.

오늘도 허겁지겁 먹고 말았습니다

허기진
영혼을 달래는
마음챙김
식사

Savor Every Bite

린 로시 Lynn Rossy | 서윤정 옮김

침착한 태도로 음식을 마주하라

책/이/있/는/풍/경

양분공급과 관리가 필요한 신체를 지닌

모든 이에게 이 책을 바칩니다.

이 책을 통해 식사와 운동으로 삶의 기쁨을 깨닫는

놀라운 기적이 전달되기를 바랍니다.

차례

2 Step (먹지 말고) 감정을 가라앉히세요

3 Step 자신을 가두는 생각에서 벗어나세요

4 Step 미소 지으며 나만의 행복을 만드세요

5 Step 모든 순간을 음미하세요

이야기를 시작하면서

갓 태어난 우리에게는 '어떻게 살아야 한다'는 안내문이 주어지지 않았습니다. 그 상태에서 어쨌든 살아가다 보니까 가장 본능적이라고 생각했던 '먹기'와 '몸 움직이기'가 정말 까다롭고 혼란스러운 동작이더군요. 이 책은 '이대로만 하면 된다'는 만능 해결책을 알려주지 않아요. 그렇지만 당신이 내면의 지혜와 열린 마음을 가지고 현재에 최선을 다할 수 있게, 간단하지만 효과적인 방법을 제시할 거예요. 당신 자신을 따르세요. 당신에게 꼭 필요한 모든 것을 알려줄 테니까요. 당신의 몸과 마음이 하는 말에 귀 기울여 주세요.

현대사회는 식이요법의 중요성을 강조하지요. 그래서 당신은 자신의 내면을 따르지 못하고 있어요. 식사 방법이나 자신의 몸매 관리, 더 나아가서는 완전한 자신의 모습으로 사는 방법에 있어서 당신의 내면이 하는 말을 들어야 하는데도 말이지요. 현대사회는 '마른 체형'이 건강하다고 강조하면서 체중감량이 행복의 지름길이라고 말하고 있어요. 당신이 먹어야 할 음식과 먹지 말아야 할 음식도 정해놓고 기준에서 벗어나는 사람들에게는 가혹한 태도를 보이지요. 현대사회에는 '목표 달성'이라는 말이 존재하지 않아요. 항상 무언가 부족한 상태, 더 노력해야 하는 상태일 수밖에 없지요. 당신이 무얼 해도, 어떤 생김새를 지녔어도 당신은 '충분하지 않다'는 평가를 받을 거예요.

당신은 당신이 먹는 음식, 당신의 신체, 당신의 감정, 그리고 이 모든 걸 포함하는 당신의 인생을 이끌어왔고 앞으로도 이끌어야 해요. 이 책은 당신의 그 길고 긴 노력을 돕기 위해 만들어졌어요. 이제 당신에게 자신을 사랑하는 방법을 알려줄게요. 있는 그대로의 모습으로 편견 없이, 따뜻한 시선과 열린 마음으로 현재를 살아가는 방법을 알려줄게요. 이게 바로 '마음챙김(Mindfulness)'인데요. 마음챙김을 시작한다는 건 곧 당신에게 더 큰 안녕과 행복을 가져다줄 결정을 하고, 그 결정을 실천에 옮긴다는 뜻이지요.

마음챙김이 설명은 간단해도 실천하기는 쉽지 않아요. 당신은 주변에 이끌려 가던 예전의 자신으로 돌아가려고 하겠지요. 그렇지만 이건 과정일 뿐이니까 너무 겁먹지는 말아요. 이 과정을 통해서 자신에 대해서 더 많이 배우고 진짜 중요한 인생 교훈을 얻게 될 테니까요. 당신은 먹고 싶은 것을 먹고 움직이고 싶을 때 움직이고 더 많이 웃고 당신을 행복하게 해주는 사람들을 만나고 당신이 필요로 하는 것들을 얻으면서 살 수 있어요. 당신이 누릴 수 있는 최고의 행복을 만끽하세요.

이 책의 내용

이 책은 다섯 단계로 나누어져 있습니다. 다음 다섯 단계를 함께 실천해 보세요.

〈**Step 1**: 서두르지 말고 자신의 감각을 찾으세요〉에서는 음식을 빨리 먹는 습관을 버리고 자신의 진짜 모습을 찾는 과정을 소개합니다. 이제 당신은 관심과 관대함 그리고 긍정적인 호기심으로 자신이 먹는 음식과 자신의 신체와 인생을 바라보게 됩니다. 마음챙김 식사(Mindful Eating)에서 가장 중요한 부분인 '침착한 태도로 음식을 마주하기'를 실천하는 거죠.

〈**Step 2**: (먹지 말고) 감정을 가라앉히세요〉에서는 자신의 감정과 마주할 거예요. 나의 신체와 마음, 생각이 내게 보내는 모든 신호에 귀를 기울여서 자신의 감정을 알아내는 거죠. 그리고 나의 감정에 공감하고 따뜻하게 감싸줄 거예요. 괴로운 감정 때문에 음식을 먹는 문제를 해결하는 게 목적이죠. 다시 말해서 마음챙김을 연습해서 인생의 어려움에 좀 더 현명하게 대처하도록 하자는 겁니다.

〈**Step 3**: 자신을 가두는 생각에서 벗어나세요〉에서는 마음챙김을 어렵게 만드는 방해 요소를 언급하고 있어요. 당신을 자유롭게 만들고, 당신이 먹는 음식과 당신의 신체와 인생을 새롭게 바라보도록 도와주려고 해요.

〈**Step 4** : 미소 지으며 나만의 행복을 만드세요〉는 '긍정의 힘'에 관한 이야기예요. 지금 당신이 가진 많은 것들에 감사하세요. 음식을 대하는 태도뿐만 아니라 인생의 많은 순간에서 더 많은 행복을 누릴 수 있는 방법을 연습하면 예전과는 달라질 거예요. 음식을 끝까지 다 먹어야만 만족을 얻고 음식이 사라지면 만족도 사라지는 일은 이제 없어야죠.

〈**Step 5** : 모든 순간을 음미하세요〉에서는 자신이 가진 모든 것을 만끽하라고 강조합니다. 먹는 음식, 신체동작, 자연환경, 건강, 가족, 친구, 그리고 당신이 가진 또 다른 많은 것들을 최선을 다해서 누리세요. 그런 목표를 가지고 현재를 살아가세요. 인생의 순리대로 살아가겠지만, 또한 원하던 것을 얻고 그것을 마음껏 즐겨야 하잖아요.

이 책을 읽는 방법

읽는 것도 중요하지만, 읽고 나서 이 책의 내용을 처음부터 끝까지 실천해 보세요. 당신의 식사시간이, 그리고 더 나아가서 당신의 삶 전체가 예전보다 편안하고 행복해질 테니까요. 내용 중에 유난히 마음이 끌리는 부분이 있다면 우선 그것부터 시작하세요. 제비뽑기하듯이 책의 페이지를 자유롭게 펼쳐놓고 시작해도 되고요. 저의 경우를 예로 들면, 이렇게 제비뽑기식으로 책을 읽어도 효과가 괜찮더라고요.

각 장의 마지막에서 소개하는 〈현재에 집중하는 연습〉 지침은 특히 당신이 꼭 실천하면 좋겠어요. 그 내용대로 당신이 건전한 방식으로 음식을 먹고 자신을 사랑하고 인생을 누리길 바랍니다. 낯선 내용도 있겠지만 선입견을 버리고 가능성을 믿어주세요. 당신이 날마다 생활 속에서 실천할 수 있게끔 나름대로 고심해서 이 지침을 만들었거든요. 하다 보면 어떤 내용은 당신한테 굉장히 잘 맞아서 평생의 습관이 될지도 몰라요.

일단 이 책은 저의 개인적인 배경과 경험을 기준으로 쓰였어요. 그 부분은 인정해야겠네요. 저는 미국 국적을 가진 중산층 백인이고 대학교육을 받았어요. 성별은 생물학적 성과 성정체성이 일치하는 여성이에요. 과거에는 트라우마 때문에 약물중독과 우울증, 섭식장애 문제를 경험했고요. 최근에는 불교와 요가, 기독교의 가르침에 관심이 많아요. 그리고 유기농 식품과 홀푸드(Whole Food, 첨가제를 넣지 않은 자연식품으로, 주로 채소를 말한다.-옮긴이)를 주로 먹습니다.

제가 진행하는 마음챙김 식사 수업의 수강생들에게는 이 책이 도움이 되었어요. 당신도 이 책을 차근차근 읽고 내용을 곱씹어 보세요. 하루, 아니면 며칠의 시간이 필요할지도 모르죠. 당신이 그 시간을 계기로 현재에 충실한 사람, 마음챙김을 통해서 인생을 만끽하는 사람이 된다면 저는 기쁘겠어요.

서두르지 말고 자신의 감각을 찾으세요

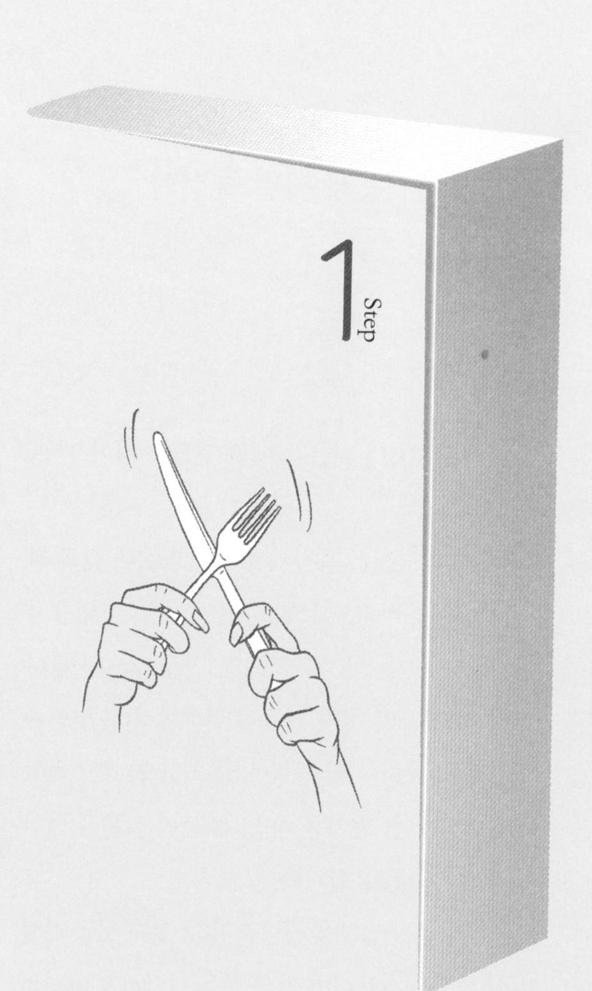

"'빨리빨리'의 시대에는
천천히 움직이는 게 제일 즐겁다."

—피코 아이어(Pico Iyer)

"먹는 습관을 바꿔서 더 나은 몸매를 만들고 싶어. 다른 나로 다시 태어나고 싶다고!!"

이런 조급함에 사로잡힌 당신은 목적지 없이 쳇바퀴에 갇혀 빙빙 도는 햄스터 신세입니다. 따지고 보면 당신이 바꿀 건 없습니다. 그냥 호기심과 열린 마음을 가지고 새로운 길을 찾으면 됩니다. 우선 조급함부터 버리고 몇 가지 질문에 답해봅시다. 당신은 지금 먹는 음식에 관해 꼭 알아야 할 사항을 알고 있습니까? 음식을 통해서 당신의 몸이 무엇을 얻기를 바랍니까? 이 질문은 당신의 진짜 모습을 찾는 데 정말 중요합니다.

여유를 가지고 당신의 진짜 입맛을 찾아봅시다. 그게 모든 계획의 시작입니다. 마침내 당신이 음식의 진짜 맛을 탐닉하고 자신의 몸매를 만끽하게 될 때, 당신의 인생 전체가 가슴 깊이 새겨진 깨달음과 자신에 대한 사랑으로 가득 채워질 겁니다. 조급함을 버립시다. 그동안 놓치고 있던 더 많은 것들, 당신의 인생에서 좀 더 중요한 것들이 보일 테니까요. 자, 답은 이미 정해져 있습니다. 서두르지 마십시오. 천천히 하면 됩니다.

지금 당신은 너무 급해요, 침착합시다

1

저는 누구보다 저 자신이 배워야 하는 것을 사람들에게 가르칠 때가 있습니다. 매우 중요한 가르침인데요. 저야말로 빨리 움직이고, 빨리 말하고, 빨리 결정하고, 심지어 운전도 빨리빨리 하는 사람이거든요. 그런데 빨리 움직이고 빨리 집중하려고 하면 할수록 이 순간을 마음껏 즐기지 못합니다. 어느 날 아침인가, 허둥지둥 일상에 쫓기고 있을 때 막 감은 젖은 머리를 빗다가 문득 '내가 방금 샤워를 했던가?' 하고 생각하기도 했습니다. 다른 일들에만 몰두하다 보니 그렇게 되더군요.

이렇게 정신없이 살다 보면 내가 뭘 먹는지, 얼마나 많이 먹는지도 잘 모릅니다. 심지어 자신이 먹은 음식이 자신의 입맛에 맞는지조차 모르고 넘어가게 됩니다. 정신없이 몰두하다가 감자칩 한 봉지를 다 먹어버리고 나서야 아차 했던 적이 한두 번이 아닐걸요?

하지만 빨리빨리 먹느라 음식에 집중하지 못하는 건 당신의 잘

못이 아닙니다. 빨리빨리 움직여서 힘에 부칠 만큼 많은 일을 하고 뭐든지 빨리빨리 소비해 버리는 세상에 살고 있으니까요. 지금 당신은 '내가 누구인지도 모르겠고 다른 사람과 잘 지내기도 어렵고 왜 사는지 진짜 이유도 찾지 못하는' 상태입니다. 그저 이메일, 문자, 전화를 실시간으로 확인하기 바쁩니다. 하나도 남김없이 처리하려고 아등바등하지만 사실 이건 '미션 임파서블', 이룰 수 없는 목표입니다. 그저 최신 유행을 찾아다니고 남들이 다 다이어트 한다니까 나도 하고, 그 밖에도 다른 방법들을 동원해서 결국 실현 불가능한 꿈을 꾸고 있는 셈이지요. 당신 인생의 주도권을 되찾고 싶다면 여기서부터 문제를 해결해야 합니다.

적게 노력하고 많은 것을 얻는 인생은 어떨지 상상해 봤나요? 지금 당신이 느끼는 불만에서 상당 부분은 불만을 조장하는 마케팅 전략이 만들어낸 기준 때문에 생긴 것입니다. '더 작고 더 똑똑하고 더 늘씬해 보이게', '더 빠르고 더 어리고 더 멋져 보이게' 하는 게 좋다는 기준 말이죠. 이런 식의 완벽은 마치 저 하늘의 별처럼 손이 닿지도 않고, 솔직히 딱히 쓸데도 없습니다. '지금의 나는 완전하지 않다'는 논리는 꽤 강렬하고 설득력 있게 들리지만, 그래도 정말로 행복해지고 싶다면, 헛된 꿈을 좇지 말고 마음을 비운 지금의 당신에게 집중하세요.

한때 저는 인생의 속도를 늦추면 눈에 보이는 불편한 진실이 싫어서 바쁘게 살았습니다. 그렇게 해야 이혼이 가져다준 충격과 절망에서 벗어날 수 있다고 믿었지만, 전혀 효과를 보지 못했고 나중에는 약물중독으로 입원했습니다. 당신은 진실을 마주할 용기와 변하지 않는 사실을 받아들일 마음의 준비를 하고 '빨리빨리'에서 벗어나세요.

지금 거울 속의 당신이 맘에 들지 않나요? 그래도 애정 어린 시선으로 바라봐 주세요. 빛나는 또 다른 당신이 보일 것입니다.

잠깐 쉬어 갑시다. 순간의 멈춤이 꼭 필요합니다. 주변 경치를 휙 스쳐 지나가 버리면 드라이브를 제대로 즐겼다고 할 수 없듯이, 살아가면서 놓치지 말아야 할 순간들을 놓쳐선 안 됩니다. 당신의 생각과 느낌 그리고 당신의 몸이 하는 말(예를 들면 '배고프다', '배부르다')과 당신이 주변에서 보고 듣고 향기 맡은 것들에, 다시 말해 당신이 어디로 가야 할지 알려주는 길잡이에 집중합시다.

저는 요가 수업을 진행하면서 자주 수강생들에게 팔을 머리 위로 올린 상태에서 숨을 크게 들이쉬라고 말합니다. 그다음에는 천천히 팔을 내리면서 들이마셨던 숨을 크게 내쉽니다. 이 과정을 어려워하는 수강생들도 있어 모두 집중할 때까지 반복합니다. 이 단순한 동작이 스트레스를 줄여주고 마음의 평화와 휴식 그리고 지금의 당신에게 집중할 수 있는 놀라운 힘을 선사합니다.

침착하게 천천히 움직이는 건 정말 중요합니다. 그래서 이 책은 이제부터 이 주제만 다루려고 합니다. 당신이 이미 천천히 움직이는 방법을 알고 있다고 생각하더라도(그래서 너무하다 싶을 만큼 천천히 살고 있더라도) 말이죠. 지금 당신의 몸이 하는 이야기와 먹는 음식에 집중하는 일이야말로 당신에게 꼭 필요한 침착함입니다. 당신은 현재를 살고 있는데 현재에 집중하지 못하다니요? 그럼 당신은 진짜로 살아있는 게 아닙니다.

당신의 몸이 현재에 집중하는 활동에 익숙해지게끔 차근차근 연습해 봅시다. 양쪽 팔을 자연스럽게 옆으로 벌린 상태에서 다리를 골반 넓이만큼 벌리고 섭니다. 이때 발바닥을 통해 느껴지는 지면의 느낌을 기억하세요. 팔을 천천히 바깥으로 뻗어서 머리에 닿을 정도로 올리면서 숨을 깊게 들이쉽니다. 그리고 숨을 천천히 내쉬면서 팔을 아래로 내립니다. 잠시 휴식을 취하면서 심장 박동이 어떻게 변하는지 살펴봅니다. 팔의 감각에도 집중합니다. 중력이 당신의 팔을 아래로 잡아끄는 무게가 느껴질 것입니다. 이뿐만 아니라 당신 머릿속의 생각도 역시 차분해질 것입니다. 만약 그렇지 않고 답답함을 못 참겠다면 지금까지의 과정을 반복해 봅시다. 사실, 몇 번 해보면서 한 가지 일에 천천히 집중하는 능력을 키워야 합니다. 그렇게 하면서 당신 자신에게 어떤 변화가 나타나는지 확인해 보세요. 여기서 잠깐! 이 책의 뒷부분을 읽기 전에 지금의 이 동작을 꼭 따라 해야만 합니다. (우스꽝스럽다고 느껴질지도 모르지만) 앉아서 해도 괜찮습니다.

그리고 하나 더!

당신 자신을 침착하게 만들어줄 또 다른 동작들을 자유롭게 연습해 봅시다. 이 순간에 집중하면서 말입니다. 음식을 먹을 때 침착함을 유지해 봅시다(먹는 즐거움은 커지고 먹는 음식의 양은 줄어든 것을 확인할 수 있습니다). 교통 상황만 괜찮다면 적정 속도를 지켜가면서 운전합시다(이건 저도 아직 연습하고 있습니다). 말도 조금 더 천천히 해보세요(다른 사람들이 당신의 말을 더 잘 이해할 겁니다). 지금까지 너무 빠르게 해왔던 일들이 무엇인지 찾아봅시다. 그리고 조금이라도 좋으니 인생의 속도를 늦추면서 당신의 기분이 달라지는 모습을 지켜보세요.

자신을 깨우려면 노력이 필요해요

2

자신을 깨우는 연습을 하고 있다면 당신은 분명히 이 과정이 말처럼 간단하지 않다는 사실을 깨달았을 것입니다. 그래도 계속 시도해 보면서 현재에 충실해지도록 노력해 봅시다. 이 책은 '온전히 누리기', 즉 관대함과 열정 그리고 호기심으로 현재를 살아가는 기술을 알려줍니다. 이 책에서 소개하는 모든 활동을 꾸준히 실천하면 '온전히 누리기'를 터득할 수 있습니다. '온전히 누리기'는 당신의 몸과 마음 그리고 생각의 실체를 깨닫게 해주어 육체와 정신의 진정한 건강을 위한 최선의 판단을 하도록 도와줍니다.

그렇지만 감각을 깨우기란 쉽지 않습니다. 관건은 아침에 눈을 뜨는 것이 아니라 온종일 당신의 감각을 깨우는 것입니다. 조사에 따르면, 사람들은 현재를 온전히 누리지 못한 채로 하루 중 절반의 시간을 보낸다고 합니다. 사랑을 나누는 행위를 빼면 모든 행위를 할 때 그런 상태입니다. 다시 말하면, 당신은 인생의 절반이나 그 순간을 누리지 못하고 있습니다. 당신은 존재하지만 진짜 당신은 여기에 없습니다!! 당신의 실체가 누리지 못한 그 시간은 그렇게 지나가 버려서 다시는 돌아오지 않습니다. 당신의 육체만 남아있고 마음은 없는 채로 흘려버리는 그 시간. 귀중한 당신의 인생에서 이 시간은 정말로 짜증스러운 부분입니다.

그럼 그 시간 동안 진짜 당신은 어디에 있을까요? 보통은 과거 아니면 미래로 항해하고 있을 것입니다. 과거를 항해하는 동안에는 아쉬웠던 일이나 당신의 화를 돋우던 다른 사람의 말, 아니면 당신의 실수로 머릿속이 꽉 차게 마련입니다. 미래로 항해한다면 안 하면 아쉬울 것 같거나 당신이 해야만 하는 일을 생각하겠지요. 동시에 당신이 그 일을 할 시간을 절대 내지 못할 거라는 예측, 성공하려면 마땅히 해야 하는 노력을 해내지 못할 거라는 안타까움에 사로잡힙니다. 보통은 이런 것들이 걱정, 의심, 두려움으로 나타나지요. 조사에 따르면 과거나 미래에서 허우적대는 모습이 우울증이나 불안에서 흔히 나타나는 증상이라고 하는데, 일리 있는 분석입니다.

신경과학자들은 말합니다. '마음의 방황'이 인간 두뇌의 기본값이기 때문에 인간에게는 감각을 깨우는 일이 어려운 거라고요. 우리 인간은 눈앞의 상황이 아닌 다른 일에 한눈을 파는 데 소질이 있습니다. 방황은 다른 동물들과는 달리 오직 인간만이 가진 특징입니다. 과거를 돌아봄으로써 인간은 어떻게 행동할지 정할 수 있고 미래를 신중하게 계획하고 준비할 수 있습니다. 하지만 대부분의 방황은 부정적인 생각들의 향연에서 비롯된 들쑥날쑥한 발걸음이고, 그 방황이 결국 우리를 불행하게 만듭니다.

또 다른 흥미로운 연구도 소개하겠습니다. 현재의 불쾌한 일에 집중하는 편이 오히려 생각의 바다에서 허우적대는 것보다 실제로는 덜 고통스럽다고 합니다. 마음의 방황은 그 자체가 불행의 원인이지 불행으로 인해 나타난 결과가 아닙니다. 현재의 불쾌한 일에 최선을 다하라는 저의 충고가 앞뒤가 안 맞게 들릴 수도 있겠지만 분명히 효과가 있습니다(이 문제는 2단계에서 자세히 다루겠습니다). 당신의 감정을 억누르거나 부정해도 어차피 그 감정을 없앨 수는 없습니다. 당신은 결국 자신의 내면에서 일어나는 소용돌이를 외면하려고 배고프지 않은데도 음식을 먹는 등 엉뚱한 일에 마음을 쓰게 됩니다.

그래도 당신은 훈련을 통해 현재에 집중하는 능력을 키울 수 있으니 다행입니다. 이번 훈련은 '온전히 누리기'의 참맛을 깨닫는 과정입니다. 간단한 과정이지만 진짜 당신과의 연결고리를 되찾기 위해서 꼭 필요해요. 이번 훈련도 온종일 계속 참여하세요. 특히 음식을 먹기 직전이나 스트레스를 받았을 때, 그리고 소중한 휴식시간을 활용해서 반드시 이번 훈련을 시도해야 합니다. '온전히 누리기'의 참맛을 아주 조금이라도 느낀다면 당신은 당신의 몸이 정말로 음식을 원하는 순간, 스트레칭을 하고 몸을 움직여야 하는 순간, 휴식해야 하는 순간, 놀아야 하는 순간과 일해야 하는 순간을 정확하게 이해할 것입니다. 그리고 당신은 자신의 욕망에 대처하는 방법까지 터득하게 될 것입니다.

현재에 집중하는 연습

편안한 자세로 자리에 앉아봅시다. 반듯하지만 몸에 부담을 주지 않는 자세가 중요합니다. 눈을 감아도 좋고 자연스럽게 아래를 바라봐도 괜찮습니다. 이제 두세 번 심호흡을 합니다. 힘을 주지 않아도 배가 자연스럽게 부풀어 오를 때까지 깊은 숨을 들이쉰 다음, 몸 속의 공기를 한 번에 모두 내뱉습니다. 반복하다 보면 의식하지 않고도 자연스럽게 호흡하게 됩니다.

이제부터는 당신의 몸을 머리부터 발끝까지 관찰하는 시간을 갖겠습니다. 뻣뻣한 부분은 어디고 긴장을 풀고 있는 부분은 어디인가요? 열이 오른 부분이 있나요? 차갑게 식은 부분은요? 당신의 몸에 활력이 넘치는지 아니면 몸이 피곤한지도 살펴보세요. 여유를 가지고 당신의 몸 상태를 확인해 보세요.

위장의 감각에는 특별히 신경 써야 합니다. 배가 고픈가요? 배가 불러요? 얼마나 배가 고픈지, 얼마나 배가 부른지 알겠나요? 혹시 목마르지는 않나요? 당신의 위장에서 느껴지는 감각을 판단하는 여러 가지 생각들이 머릿속을 스쳐 갈 텐데요, 그대로 자연스럽게 둡니다.

자, 그리고 지금 당신의 마음은 어떤가요? 당신이 느끼는 호기심, 분노, 즐거움, 당황, 혼란, 만족 같은 감정들을, 그것이 무엇이든 관대한 마음과 호기심을 가지고 받아들이는 겁니다.

다음으로는 당신의 의식이 흘러가는 모습을 확인합니

다. 무엇인가 떠오르기도 하고 앞으로의 일을 계획하게 되기도 하고, 걱정거리도 생각나고, 과거를 후회하기도 하고 실망도 합니다. 선입견 없이 그렇게 당신의 의식을 바라보다가 다시 호흡을 시작해서 이번에는 당신의 의식을 호흡의 리듬에 맡겨봅시다. 특정한 사건에 당신의 의식이 사로잡힌다면 이 또한 열린 마음으로 받아들이고 자연스럽게 놓아둡니다.

이 순간에 당신의 몸에 펼쳐지는 감각, 가슴을 채우는 감정, 머릿속을 채우는 생각에 집중하면 당신은 기계적으로 도는 쳇바퀴에서 벗어날 수 있습니다.

잠깐 시간을 내세요. 편한 자세로 앉아서 당신이 살아있음을 느껴보세요. 다른 생각을 한다고 스스로 깨달을 때마다 다시 한번 마음을 다잡고 집중해 보세요. 당신의 마음이 여러 번 방황을 반복해도 신경 쓰지 마세요. 당신이 자신을 편견 없이 관찰하고 자신에게로 관심을 돌이킨다면 그것으로 충분합니다. 그때마다 당신은 현재의 당신을 느끼는 것입니다. 긴장을 풀고 앉으세요. 그리고 호흡에 집중하면서 있는 그대로를 받아들이세요. 모든 과정이 끝나기 전까지 눈을 감고 있어요.

눈을 뜨면 지금까지의 훈련에서 무엇이 중요했고 무엇이 흥미로웠는지 돌이켜 보세요. 하루의 남은 시간 동안 당신의 몸과 마음, 의식이 무엇을 원할지 이해하게 될 것입니다. 이 훈련을 매일 반복하면 더 큰 효과를 얻을 것입니다!

제 공식 웹사이트(www.LynnRossy.com)의 'Multimedia' 항목에 있는 〈마음챙김의 참맛(A Taste of Mindfulness)〉 음성안내문을 활용해 보세요. 매우 유용하답니다. (http://www.LynnRossy.com/multimedia)

인생은 딱 한 번뿐이에요

3

당신은 아침에 눈을 뜨면 뭘 하시나요? 다음 보기에서 골라보세요.

❶ 이불을 머리끝까지 뒤집어쓰고 다시 잠이 든다.
❷ 알람을 계속 끄면서, 아침에 일어나기란 역시 힘들다고 투덜댄다.
❸ 일단 침대에서 나오긴 하는데, 쓸데없이 짖어대는 이웃집 개한테 험한 말을 퍼붓는 등 삐딱한 태도로 세상을 대한다.
❹ 얼굴에 미소를 지으면서 눈을 떠서, 오늘도 새로운 하루를 맞이할 수 있게끔 움직여주는 당신의 육체에 감사한다.

제가 확신하는데, 당신이 아침형 인간이 아니라면 이 질문을 듣자마자 저한테 화부터 내겠죠? "우악~!!" 하지만 아주 짧은 시간만 투자해도 충분하니까 일단 제 얘기를 들어보세요. 당신이 아침에 자신의 에너지부터 충전할 수 있는 능력자가 아니라면, 당신의 육체와 당신의 인생에 접근하는 방법부터 바꿔보세요. 잠에서 덜 깬 상태여도 괜찮습니다. 침대에서 맞이하는 이와 같은 하루의 시작이 활력을 불어넣어 줍니다. 활력이 아니라 우울함이 밀려온다고요? 걱정하지 마세요. 변화의 기회가 주어졌으니까요. 지금부터 당신은 침대에서 편안한 자세로 뒹구는 순간에도 생명의 기적을 확인할 수 있습니다.

처음 할 일부터 알려드릴게요. 아침에 왜 눈을 떠야 하냐는 불평을 당장 그만두고 숨쉬기에 집중해 봅시다. 마음이 편해지고 집중도 더 잘될 것입니다. 하지만 이걸로 만족하지 마세요. 잠자리에서 일어나기 전에 몇 분 정도 자신의 육체에 감사하고 행복을 만끽해 봅시다. 손을 심장 쪽에 얹어서 규칙적인 심장 박동을 확인하고 심장이 뛰고 있음에 감사하는 시간을 가져봅시다. 그리고 손을 가슴 쪽으로 옮겨서 폐의 움직임에 감사함을 느껴봅니다. 배로 손을 뻗으면 당신이 먹은 음식을 소화하고 있는 위장의 고마운 움직임을 확인할 수 있겠지요? 이와 같은 방식으로 생각할 수 있는 만큼 최대한 많이 당신의 신체 각 부위에 손을 대고 그 움직임을 느껴보세요. 마지막은 당신의 육체 모두에게 "오늘 아침도 잠에서 깨어나 움직여 준 덕분에 또 다른 하루를 맞이할 수 있어서 고맙다."라고 말하는 겁니다. 저는 이 훈련을 할 때마다 제 얼굴에 번지는 미소를 느끼곤 합니다.

이렇게 간단한 훈련이 일으키는 기적, 당신은 아시나요? 훈련에 참여하면서 햇볕의 온기, 아침식사의 새로운 맛, 곁들여 마시는 커피나 차의 신선함에 새롭게 눈떠봅니다. 가족, 친구들과 인사를 나누면서 사랑을 확인하고 당신이 하는 일이 무엇이든 그것이 지닌 의미를 깨달아봅니다. 당신이 가진 그 귀중한 육체가 아니었다면 절대로 알 수 없을 감정들입니다. 당신은 당신이 가진 그 귀중한 육체를 통해서 인생이 준 축복을 누리고 있습니다.

당신의 육체가 경험하게 될 어쩔 수 없는 변화까지 부정하라고 말하지는 않겠습니다. 다만 당신이 애쓰지 않아도 문제없이 이뤄지는 일들을 기억하라고 말하고 싶습니다. 당신의 육체는 가상의 힘을 빌려 스스로 움직이고 있습니다. 당신의 육체에서 림프 계통은 당신이 감염되지 않게 만들어줍니다. 내분비 계통은 당신의 육체에 호르몬이 고르게 분비되도록 조절합니다. 순환 계통은 당신의 육체 전체에 혈액, 영양분, 산소, 이산화탄소, 그리고 호르몬을 골고루 공급합니다. 당신은 푹 자고 충분한 음식과 물을 섭취하고 적당한 운동을 해서 육체가 제 기능을 수행하도록 도와야만 합니다.

그런데 이건 마치 선박을 운전하는 과정과도 같습니다. 당신의 영혼을 담고 있는 육체는 많은 기능을 갖춘 한 척의 커다란 선박입니다. 자, 지금부터는 육체의 활동에 대해 잠시 명상해 봅시다. 마음이 차분하게 가라앉을 때까지 명상을 계속합시다.

많은 사람을 만나고 20여 년간 그들의 육체를 연구하면서 저는 자신의 육체를 바라보는 관점을 바꾸면 자신의 인생이 가진 또 다른 멋진 가능성을 발견할 수 있다는 사실을 자주 확인했습니다. 제 수업을 듣는 학생인 지니는 저에게 이런 말을 했습니다.

"저는 제 몸이 가진 모든 특징과 제 몸이 제게 해주는 모든 일에 감사하는 방법을 배웠습니다. 제 몸은 새로운 생명을 낳았고 유방암을 물리쳤으며 당뇨와 함께 살고 있습니다. 거울로 제 몸을 보니까 흉터와 주름, 흰머리가 있어서 아무래도 잡지 표지모델은 못 할 것 같아요. 하지만 제 인생을 이끌어가는 여성은 바로 저입니다. 제 몸은 날마다 저를 위해서 존재하고 저는 날마다 제 몸을 위해서 존재합니다."

지니는 감사하는 마음을 통해서 자신을 사랑하게 되고, 그 사랑을 실천에 옮기는 방법을 터득한 것입니다.

"요즘 저는 더 많이 움직이고, 더 좋은 음식을 먹고, 규칙적으로 저를 돌보고 있습니다. 제 인생에서 제가 가진 육체는 이것 하나뿐이고 이 육체를 가지고 살 수 있는 인생도 지금 한 번이 전부임을 잘 알고 있으니까요."

당신이 인생에서 어떤 사건을 마주하더라도 그것을 감사함으로 받아들이고 당신의 인생을 긍정적으로 생각하세요. 그리고 더 나아가서 당신이 좋아하지 않는 것들에도 감사해 보면 어떨까요? 당신이 좋아하지 않는 것이라도 최소한 그 존재만큼은 인정해 주세요. 듣기 싫은데 울리는 알람, 자꾸 짖는 옆집 개, 더러운 옷, 교통체증을 인정하세요. 빽빽 소리를 질러대는 동네 꼬마를 인정하세요. 이미 일어난 일이잖아요. 부정해 봤자 아무 소용도 없다는 걸 당신은 알고 있어요. 당신에게 주어진 인생이 수월하게 흘러갔다가 짜릿했다가 고통스럽기도 하고 되게 재미없기도 하다고 인정하세요. 그게 당신이 살아야 하는 인생의 진짜 모습이니까.

당신의 육체와 당신의 인생에 감사하는 습관을 기르는 훈련을 소개할게요. 아침에 눈뜨자마자 감사할 만한 일 세 가지를 생각하세요. 오늘도 깨어나 준 당신의 육체, 편안하고 아늑한 당신의 잠자리, 떠오르는 태양, 당신의 몸 위를 타고 올라와서 남은 잠을 깨우는 당신의 고양이까지. 훈련을 거듭할수록 감사할 일들이 더 많이 더 쉽게 생각나고, 그렇게 감사할 일들이 끊이지 않는 당신의 인생은 기적으로 바뀝니다.

함께 심호흡을 해봅시다

4

바쁜 일과에 스트레스를 받고 정신이 하나도 없는 당신은 사실은 자신에게 도움이 되기보다 해로운 일을 하고 싶어질 텐데요. 예를 들어보겠습니다. 제가 수행한 모든 연구에 따르면 스트레스는 과식의 가장 주된 원인입니다. 그렇지만 음식을 먹거나 아니면 쇼핑을 하고 술을 마시고 뒹굴거리면서 텔레비전을 시청하고 SNS를 기웃거리고 나서 시기심에 씩씩거리거나 지나치게 일에 몰두해 봤자 모두 아주 짧은 순간만 당신을 위로해 줄 뿐입니다. 당신의 스트레스는 여전히 당신과 함께입니다.

정말 쉽고 간단하지만 확실한 스트레스 해소법 중 하나가 바로 심호흡입니다. 이것은 '엎어지면 코 닿을 거리', 아니, 사실은 '콧구멍만 살짝 움직여도 닿을 거리'에 놓인 목표물입니다. 그만큼 쉽고 간단합니다. 바쁘고 복잡한 일상 속에서 당신은 얕은 숨밖에 쉴 수 없고, 이 때문에 당신의 두뇌와 육체에는 충분한 산소가 공급되지 못하고 있습니다. 그 상태에서 스트레스를 경험할 때마다 주로 '모 아니면 도'라는 식으로 대처하죠. 즉 스트레스를 무턱대고 정면 돌파하려고 하거나 완전히 회피하기 마련인데, 그건 효과적인 해결책이 아닙니다. 스트레스를 받을 때마다 진짜로 동료와 싸울 수 있나요? 아니면 그때마다 사무실 어딘가의 쥐구멍으로 들어갈 건가요?

당신이 사자나 호랑이나 아니면 곰한테서 도망치고 있다면 '모 아니면 도' 전략이 먹힐 것입니다. 하지만 현대사회의 일상에서는 쓸모가 없습니다. 다른 차가 당신의 차에 너무 가까이 다가오거나, 달려오는 차를 피해 당신의 아이를 구출하는 경우라면 또 모르지요. 하지만 업무 때문에 주고받는 이메일, 쏟아지는 뉴스, 회의 도중에 팀원들이 싸우는 모습이나 집에서 당신의 자녀들이 치고받는 모습을 보고 있어야 한다는 사실에서 당신을 구출해 줄 수는 없어요. 세계적인 조사기관 갤럽(Gallup)은 2019년 발행한 〈세계 심리 보고서(Global Emotions Report)〉에서 '사람이 살면서 경험하는 스트레스 수치는 계속 높아지는 경향이 있고 미국에서는 특히 더 그렇다'는 조사 결과를 발표했습니다.

이론상으로 스트레스는 그 생명력이 길지 않고, 자율신경계의 부교감신경 반응(휴식과 회복)을 통해 저절로 없어진다고 합니다. 그렇지만 너무 오랫동안 스트레스를 내버려 두면 부작용이 생깁니다. 만성 스트레스는 육체와 심리 모두에 좋지 않은 영향을 주어서 기력저하, 두통, 복통, 근육통, 불면증, 고혈압, 우울증, 불안장애, 조급증, 기억력과 집중력 저하, 충동적 행동을 비롯한 다양한 문제를 일으킵니다. 이걸 가볍게 넘기면 절대로 안 됩니다!!

그러니까 가장 쉬운 해결책인 심호흡부터 시작합시다. 물론 당신은 지금도 숨을 쉬고 있습니다. 그렇지 않다면 이 책을 읽고 있을 수가 없을 테니까요. 세상만사가 다 그렇듯이 중요한 건 얼마나 제대로 숨을 쉬느냐겠지요? 온몸을 움직여서 깊게 제대로 숨을 쉬어봅시다. 심호흡은 비용도 들지 않고 처방전도 필요 없지만 스트레스를 물리칠 강력한 응급처치입니다. 마음을 가라앉히는 데 효과적일 뿐만 아니라 기분을 바꾸고 집중력을 되찾게 해주는 것은 물론, 코르티솔 같은 스트레스 호르몬을 억제한다는 과학 이론도 있습니다.

심호흡으로 인생의 방향을 바꿀 수 있습니다. 스트레스를 받았다면 음식에 손을 뻗기보다 숨을 크게 들이쉬면서 당신의 육체가 가진 능력으로 균형과 마음의 안정을 찾으세요. 지금 이 글을 쓰는 저도 창문을 열어놓고 신선한 공기를 담뿍 들이마시고 있습니다. 와, 덕분에 세상에 맞설 용기가 생기는군요.

편한 자세로 앉아서 손을 배에 올려놓습니다. 숨을 들이마시고 내쉴 때마다 당신의 배가 어떻게 움직이는지 확인하려는 것이지요. 실제로 배로 호흡하는 것은 아니더라도 배를 팽창시키면 횡격막이 내려가 폐가 더 많은 공기를 흡수하게 도와줍니다. 배의 긴장을 풀고 호흡할 때마다 움직이도록 합시다. 자, 그리고 넷을 세면서 숨을 들이마시고 넷을 세면서 숨을 뱉어보세요. 들숨과 날숨의 박자에 맞춰서 숫자를 세어봅니다. 이 동작을 반복하다 보면 당신의 호흡은 더 깊어지고 길어져서 점점 더 큰 숫자에 맞춰서 호흡하게 됩니다. 자, 이제 당신에게 어떤 변화가 일어나는지 확인해 봅시다. 이 훈련은 균형호흡이라는 이름을 가지고 있습니다. (요가 용어로는 '사마 브리티 프라나야마(Sama Vritti Pranayama)'입니다.) 긴장을 풀어주고 마음을 평온하게 만들어주는 훈련입니다. 물론 억지로 자신을 몰아세우면서 이 훈련을 할 필요는 없습니다. 더 깊게 더 길게 호흡해야 한다고 자신에게 또 다른 스트레스를 주면 안 되겠지요?

5 배를 만져보세요, 그리고 진실한 애정을 표현하세요

정말 많은 사람이 저한테 물어봅니다. 음식을 먹기 전에 자신의 배가 어떤 상태인지 확인해야만 하냐고요. 그 질문에 저는 초점 없는 눈동자로 대답을 대신합니다. 정해진 일정의 압박에 시달린다면 아침저녁으로 규칙적인 식사를 해야 한다는 의미이고, 당신이 정말로 배가 고픈지 아닌지는 중요하지 않으니 그때마다 당신의 배를 만져봤자 소용없습니다. 하지만 무의식중에 갑자기 음식을 입에 넣게 될 때는 얘기가 달라지겠죠. 그때는 음식을 먹기 전에 먼저 당신의 배부터 만져보세요. 당신에게 새로운 사실을 알려주는 효과적인 훈련 방법 중 하나입니다. 충동적으로 무언가를 입에 넣으려는 동작을 잠시 멈추고 마음을 가라앉혀 보세요. 심호흡을 몇 번 한 다음에 배를 만져보세요. 그리고 자신에게 이렇게 물어보세요.

"너, 정말 배가 고픈 거 맞아?"

보통 당신의 몸은 '배가 고플 때는 음식을 먹고 그렇지 않으면 음식을 먹지 말라'고 신호를 보냅니다. 간단하고 당연하게 들리는 말이지만 사실은 그렇지 않습니다. 자, 생각해 봅시다, 당신의 식습관을요. 이 신호에 맞추려면 당신의 식습관은 어떻게 달라져야 할까요? 맛있어 보여서, 맛있는 냄새가 나서, 한입 맛만 봤는데 너무 맛있으니까 배가 고프지도 않은데 음식을 먹은 적이 얼마나 많습니까? 정말로 배고플 때 음식을 음미하는 경험을 해보세요. 그러다 보면 배고프지 않은데 무언가에 홀려서 먹는 일은 줄어들 것입니다.

이러한 식사 방식은 '직관적인 식사(Intuitive Eating)'의 네 가지 요소에도 반영됩니다. 그 네 요소를 소개해 보겠습니다.

❶ 배고프다고 생각되거나 음식이 당길 때는 무조건 먹는다.
❷ 심리적인 원인이나 환경적인 원인이 아니라 몸이 필요로 하니까 먹는다.
❸ 언제 얼마만큼 먹을지는 자신의 배고픔과 포만감을 기준으로 결정한다.
❹ 내 몸이 필요로 하는 영양분을 내가 얼마나 섭취하고 있는지 '신체-음식 선택 적합성'을 측정한다.

어때요, 쉽지 않겠죠? 오랫동안 식이요법을 해봤다면 실천하기가 얼마나 어려운지 잘 알고 있을 겁니다. 그렇지만 훈련을 반복하면 '직관적인 음식 섭취'를 습관으로 만들 수 있습니다.

당신의 배가 배고프다는 신호를 보낼 때, 그리고 가끔은 그렇지 않을 때도 음식으로 배를 채우겠죠. 먹기 전에 당신은 먼저 당신의 위장에게 애정을 보여주어야 합니다. 당신에게 정말로 필요한 영양분보다 넘치게 음식을 섭취하면 당신은 결국 그만한 대가를 치러야 합니다. 불쾌할 정도로 부풀어 오르는 배는 물론이고 과잉 섭취한 음식이 당신 몸의 다른 장기들을 짓눌러서 피로와 졸음을 유발합니다. 과잉 섭취한 음식을 소화하려고 장기들은 더 많이 일하기 때문에 속쓰림과 가스가 발생합니다. 또한 위식도역류질환(GERD: Gastroesophageal Reflux Disease)이 발생할 뿐만 아니라 당신의 생체순환 리듬까지 바뀌어서 밤에 잘 못 자게 됩니다.

스트레스를 받았거나 불편한 감정을 느낄 때는 음식 섭취량을 조절하기가 특히 어렵지요. 게다가 이럴 때는 주로 당이나 지방이 매우 많이 함유된 음식, 아니면 둘 다 많이 들어간 음식을 먹게 된다는 연구 결과도 있어요. 진짜로 배가 고픈 게 아니어도 이런 식으로 음식을 먹는다는 겁니다. 이런 상황에서, 잠시 먹기를 멈추고 당신의 배를 만져보세요. 당신이 지금 느끼는 음식에 대한 욕구가 스트레스 때문인지, 아니면 진짜 배고픔 때문인지 확인하는 과정입니다. 스트레스가 주는 신호와 배고픔이 주는 신호는 서로 상당히 비슷합니다. 그런데 스트레스 때문에 생겨난 배고픔은 누군가 당신의 명치를 세게 내려치는 것처럼 위장이 아프면서 뒤틀리는 듯한 느낌을 주는 반면, 진짜 배고픔은 공복감과 꼬르륵 소리를 비롯한 각종 소리를 훨씬 자주 경험하게 합니다.

당신이 스트레스를 받을 때마다 찾는 음식 중에서 카페인, 정제당, 여러 차례의 가공과정을 거친 식품, 술, 탄산음료는 오히려 당신의 불안감을 더 키우기도 합니다. 다음번에 이런 음식을 또 찾게 된다면 그때는 짧게라도 명상의 시간을 먼저 가져보세요. 과거에 이런 식으로 먹어서 진짜로 스트레스가 풀렸나요? 그 효과가 얼마나 오래갔나요? 다 먹고 나면 스트레스가 되살아나지 않았나요? 음식이 아닌 다른 스트레스 해소 수단을 생각해 봤나요?

여기서 잠깐! 감정 해소를 위해서 음식을 먹었다고 당신을 다그치지는 마세요. 돌이킬 수 없는 일입니다. 당신이 어떤 마음가짐으로 이런 행동을 했는지 잘 파악하고 앞으로는 다른 방법으로 스트레스를 해결할 계획을 세우면 됩니다.

배고프지 않아도 먹는 또 다른 이유는 음식이 굉장히 가까운 곳에 있기 때문입니다. 대부분 우리 주변 어디서든지 쉽게 먹을 것을 얻을 수 있지요. 이 사실은 분명히 커다란 축복이지만 한편으로는 우리를 커다란 유혹에 빠트리는 괴로운 존재이기도 합니다.

무조건 먹지 말고 우선 심호흡부터 시작합시다(3~4번 이상은 해야 효과가 있습니다). 그리고 자신의 배를 만져보세요. 배고프다는 신호(허전한 기분, 그리고 여러 가지 소리)가 들리나요? 음식이 간절한가요? 목이 마른 건 아닐까요? 어쩌면 당신은 음식이 아니라 다른 무언가를 원하고 있을지도 모릅니다. 당신이 정말, 정말, 정말로 원하는 게 뭘까요? 만약 정말로 배가 고픈 거라면, 몸이 필요로 하는 영양분, 몸이 원하는 음식을 섭취함으로써 영양분 충족과 만족감 얻기에 모두 성공하고 당신의 위장도 지키겠다는 당신의 의지를 보여주세요. 물리적으로 배고픈 상태가 아니라면 당신의 두뇌가, 당신의 마음이, 당신의 정신이 원하는 걸 알아내야만 합니다. 그것은 과연 무엇일까요?

그리고 하나 더!

정말로 배가 고플 때 당신의 몸은 음식을 찾습니다. 스트레스를 받은 상태라면 스트레칭이나 심호흡, 동네 산책, 친구와의 즐거운 수다, 좋아하는 음악이나 춤 감상, 잠깐의 낮잠이 당신의 몸에 도움을 줄 것입니다. 당신에게는 음식이 아닌 진짜 스트레스 킬러가 필요합니다. 당신이 일할 때, 집에 있을 때, 사람들을 만날 때 등 상황에 따라서 다를 수는 있습니다. 그때마다 쓸 모 있는 스트레스 해소 수단을 확보하세요. 예를 들어 볼게요. 회사에서 저는 건물 안을 돌아다니거나 계단을 오르내리면서 스트레스를 조절합니다. 집에서는 신나는 음악을 듣고 가끔 춤도 춥니다. 앉은 자세에서 심호흡을 해도 좋더라고요. 사람들을 만날 때는 일단 내 앞에 놓인 음식에서 손을 떼는 것부터 시작합니다. 내가 먹던 접시에 냅킨을 올려두어서 식사가 끝났음을 알린 다음에 사람들과의 대화에 집중합니다.

자리를 잡고 앉아서 음식을 먹어요

6

자리에 앉아서 음식을 먹자는 제 말을 차 운전석에 앉아 음식을 먹으라는 뜻으로 오해하지 마세요. 공부나 일을 하는 중간에 책상에 앉아서 먹어서도 안 되고요. 컴퓨터 앞에서도 안 됩니다. 재미있는 TV 프로그램을 보면서 먹는다?! 하하, 제가 찬성할 리가 없지요? 집에 돌아와서 식탁(아마 거실이나 주방에 있겠지요)에 자리를 잡고 앉아서 아무 방해도 받지 말고 오직 음식에만 집중하세요(다른 사람한테 신경 쓰지도 마세요). 이 순간 오직 당신과 음식만이 존재합니다. 음식만을 바라보고 그 맛을 진심을 다해 만끽하세요. 야외에서 식사한다면 정말 근사하겠지만, 그건 그냥 아름다운 꿈으로 끝날 가능성이 크겠죠.

제가 쉽지 않은 요구사항을 내걸었다는 걸 알고 있습니다. 우리는 보통 식사 도중에 다른 일을 하게 마련이잖아요. 이와 관련된 통계자료를 소개할게요. 미국인 중 20%는 차 안에서 식사를 끝낸다고 합니다. 교수 중에서 62%가 사무실 책상에서 식사를 때운다는 하트만그룹(Hartman Group, 미국의 소비자 동향 조사기관-옮긴이)의 발표도 있었고요. 과학자들은 이런 형태의 식사를 '집무실 식사'라고 부릅니다. 이렇게 TV나 컴퓨터를 보면서 큰 고민 안 하고 한 입 두 입 넣다 보면 적정 수준보다 음식을 많이 먹기 쉽습니다. 두뇌가 여러 가지 동작을 모두 만족스럽게 처리하지 못하고 집중력을 잃으면서 효율이 절반으로 뚝 떨어지는 겁니다. '그냥 먹고 있다'고 하지만 그 와중에도 당신은 다른 생각에 정신이 없습니다. 그러다 보면 음식 맛도 잘 모르고 배가 불러 그만 먹어야 하는 때를 놓쳐버립니다.

저는 명상 훈련을 하면서 '자리를 잡고 앉아서 음식을 먹는 훈련'의 효과를 제대로 경험했습니다. 명상이나 요가 훈련을 할 때는 먹을 시간이 많이 생기거든요. 전 그게 좋아요. 제가 누릴 수 있는 가장 큰 기쁨의 하나입니다. 최소 1시간 정도는 앉아서 먹을 수 있어요. 혼자 음식을 만끽하는(말없이 조용히 먹곤 합니다) 자유!! 모든 음식은 채식이고 유기농 농법으로 그 지역에서 직접 기른 재료로 만듭니다. 그 음식에는 정성스러운 손길이 가득하고요. 당신을 기다리는 음식 그리고 당신이 그 음식을 만끽하게끔 주어진 시간이야말로 최고의 사치겠지요? 한입 베어 먹을 때마다 영양소와 먹는 즐거움이 한껏 폭발하고 마침내 음식의 제대로 된 풍미가 제 입안을 온통 채워놓습니다.

자, 지금부터는 '마음챙김 식사의 BASICS(BASICS of Mindful Eating)'를 통해 '자리 잡고 앉아서 먹기'를 몸에 익혀볼까요? 먹기 전에도 먹는 동안에도 그리고 먹은 다음에도 'BASICS'를 언제나 기억합시다. 당신의 식습관이 완전히 달라질 테니까요. 참고로 이 'BASICS'는 저에게 수업을 듣는 수강생들이 가장 좋아하는 내용입니다.

B | Breathe and Belly Check Before You Eat

B는 '먹기 전에 심호흡하기, 그리고 당신의 위장이 어떤 상태인지 확인하기'입니다. 배에서 가볍게 꼬르륵 소리 또는 귀에 거슬리는 소리가 나고 있나요? 그래서 당신 자신이 정말 배고프다고 판단했다면, 얼마나 배가 고픈가요? 당신은 무엇을 원하나요? 당신은 배가 고픈 상태일 수도 있고, 심심하거나 피곤하거나 스트레스를 받았을 수도 있습니다. 진짜로 배가 고픈 것이라면, 이제 당신이 마음껏 즐기고 만끽할 수 있는 음식을 선택하세요. 진짜 배고픈 게 아니라면, 운동이나 휴식처럼 당신에게 필요한 다른 걸 찾아야 합니다.

A | Assess Your Food

A는 '눈앞의 음식을 깐깐하게 평가하기'입니다. 지금 당신에게 주어진 음식은 어떤 모습입니까? 색깔은 무슨 색이고 냄새는 어떤지도 꼼꼼하게 확인하고 원료의 생산지와 가공공정도 놓치지 마세요. 그리고 마지막으로 가장 중요한 질문에 대답하세요! 그 음식은 당신이 원하던 바로 그 음식이 맞습니까? 음식을 입에 넣기 전에 잠깐 멈추고 당신의 음식을 평가하세요. 여러 가지 새로운 사실을 알게 될 것입니다.

S | Slow Down

첫 번째 S는 '음식 앞에서 침착한 태도 유지하기'입니다. 참된 배고픔을 확인하고 나서 먹을 음식까지 결정했다면 이제는 속도를 늦출 차례입니다. 차분한 마음으로 음식을 마주합시다. 그렇게 하면 음식의 맛을 제대로 즐길 수 있을 뿐만 아니라 '그만 먹어도 된다'고 당신의 몸이 보내는 신호를 정확하게 알게 되거든요. 효과적인 팁을 몇 가지 알려드릴게요. 우선 음식을 한입 먹고 포크나 수저를 내려놓으세요. 잠시 멈추고 심호흡하는 것도 잊지 마시고요. 입안에 들어온 음식은 꼭꼭 씹으세요.

I | Investigate Your Hunger Throughout the Meal

I는 '식사 중에 배고픔 정도 확인하기'입니다. 반드시 음식을 다 먹을 때까지 수시로 자신의 상태를 확인해야 합니다. 다른 무엇이 당신을 방해해도 신경 쓰지 말고 음식의 맛에만 집중하면서 당신의 배고픔이 어떻게 달라지는지 살펴보세요. 사실 음식을 반 정도 먹고 나면 처음에 느꼈던 배고픔은 사라집니다. 음식이 아직 당신의 접시에 남아있어도요. 그렇다면 그때 당신은 음식 먹기를 멈출 권리를 사용해야 합니다.

C | Chew Your Food Thoroughly

C는 앞에서 이미 언급했어요. '음식을 꼭꼭 씹기'입니다. 음식을 씹어야만 음식이 선사하는 다양한 식감을 놓치지 않을 수 있습니다. 물론 그래야 섭취한 음식을 잘 소화할 수 있고 그 과정에서 충

1 서두르지 말고 자신의 감각을 찾으세요

분한 영양소를 얻을 수 있다는 사실도 잘 알고 있을 겁니다. 충분한 영양소를 섭취한 당신의 몸이 '이제는 음식을 그만 먹을 때'라고 신호를 보낼 테니 이 신호에 귀를 기울이세요. 몸이 보내는 신호를 따르면 음식의 맛을 잘 느낄 수 있고 음식을 섭취하면서 치아가 손상될 우려도 적을 뿐만 아니라 소화불량으로 더부룩하다는 느낌도 사라질 거예요.

S | Savor Your Food

마지막으로, 두 번째 S는 '음식을 통해서 미각을 충분히 깨우기'입니다. 이 부분도 벌써 한번 말했지요? 음식은 우리 생활에 활력을 더해주는 매우 중요한 존재입니다. 지금부터는 음식으로 당신의 미각을 깨우는 과정을 구체적으로 설명할게요.

1단계 | 당신에게 정말로 필요한 음식, 먹자마자 당신을 만족시킬 수 있는 음식을 선택하기 위해서 충분한 시간을 투자하세요.
2단계 | 당신이 선택한 음식은 당신의 몸과 당신의 혀를 소중하게 생각하고 도움이 될 만한 소중한 음식이어야만 합니다.
3단계 | 먹는 도중에는 음식에만 집중해서 그 순간의 즐거움과 음식이 주는 모든 느낌을 충분히 만끽합시다. 음식을 먹기 위해서 당신이 자리를 잡고 앉은 그 모든 순간이 당신에게 주어진 기회임을 기억하세요.

주변의 모든 방해에서 벗어날 수 있는 시간을 선택하세요. 30분 정도면 충분합니다. 그리고 당신이 정말 맛있다고 느끼는 음식, 먹고 나면 기분이 좋아질 음식을 고르세요. 사치스러운 만찬일 필요는 없어요. 저한테는 신선한 토마토 한 접시와(특히나 여름에는 정말 맛있어요!) 아보카도, 발사믹식초와 올리브오일을 두른 염소치즈면 충분합니다. 아, 짭짤한 스낵을 몇 개 곁들이면 금상첨화겠네요. 그리고 방금까지 얘기했던 '마음챙김 식사의 BASICS'를 실천에 옮겨봅시다. 특히 당신이 음식을 씹고 맛보고 음미하는 과정에 집중하지 못하고 다른 일에 정신이 팔릴 때마다 자신을 타이르세요. 다른 생각을 하게 되는 건 매우 자연스러운 현상이니까 너무 크게 걱정할 필요는 없습니다. 바로 그 순간부터 다시 음식에 집중하면 작전 성공입니다.

http://www.LynnRossy.com/multimedia에서 〈BASICS of Mindful Eating〉 음성안내문을 참고하세요.

배고픈 상태와 배부른 상태에서 균형을 유지하세요

7

허기진 느낌이나 배에서 나는 소리 같은 신호는 당신이 배고프다는 사실을 알려줍니다. 이럴 때 충분한 영양소를 섭취하지 못하면 어지럽고 시야가 흐려지고 머리가 살짝 멍해지면서 집중력이 흐려져 버립니다. 당신의 육체를 영양부족 상태로 두면 나중에는 신경질과 초조함이 밀려옵니다. 아마 두통도 함께 찾아오겠지요. 그리고 당신의 마음속에서 또 다른 당신이 이렇게 외칠 것입니다.

"배고파서 짜증 나!"

얼마 전까지 음식을 제대로 챙겨 먹지 않았던 저 자신이 딱 그랬습니다. 뭘 해도 즐겁지 않았습니다. 그저 미친 듯이 필사적으로 음식이 먹고 싶을 뿐이었어요. 이런 상황은 오랫동안 음식을 제대로 섭취하지 못한 사람들에게 자주 나타납니다.

만약 당신이 오랫동안 극단적으로 식이조절을 해왔다든지, 배고픔을 참기 위해서 제대로 된 음식이 아니라 다른 걸 섭취했다든지(카페인이 잔뜩 들어간 음료 같은 것), 음식이 아니라 다른 일에 몰두하려고 애를 썼다면 당신은 배고프다는 신호를 제대로 파악하지 못하게 되었을 것입니다. 당신의 배가 정말로 느끼는 배고픔인 '육체의 배고픔'(오랫동안 음식을 먹지 못해서 영양분이 부족한 상태)과 '가짜 배고픔'(음식이 맛있어 보여서, 음식을 먹으면 안 좋았던 일을 잊을 수 있을 것 같아서, 아니면 그냥 음식이 눈앞에 보이니까 느끼는 배고픔)을 착각하는 거죠.

훈련을 해서 이 두 가지 배고픔을 구별하는 능력을 키워봅시다. 그래야만 왜, 언제, 어떤 음식을 어떻게 먹을지 정확하게 판단하고 당신의 몸이 필요로 하는 것과 당신이 원하는 것 사이에서 균형을 찾을 수 있습니다. 그리고 음식이 아닌 다른 방법으로 당신의 욕구를 충족시키는 방법도 알게 됩니다.

자, 당신은 육체의 배고픔을 해결하기 위해서 음식을 먹겠다고 일단 결정했습니다. 그렇다면 음식을 먹다가 멈춰야 하는 순간이 언제인지는 어떻게 알 수 있을까요? 앞에 있는 음식이 모두 사라지면 그때가 그만 먹어야 할 순간일까요? 아니면 또 다른 기준이 존재할까요? 음식을 남기지 않고 모두 먹기를 고집해 온 당신이라면 제가 권하는 이 방법이 재미있는 모험이 될 것입니다. 저는 지금까지 '그만 먹읍시다'라는 위장의 신호에 맞춰야 한다고, 그렇게 당신의 몸을 아껴주어야 한다고 강조했습니다. 음식이 남아 있어도 당신의 위장이 그만 먹으라고 하면 멈춰야 합니다.

당신이 배부르다고 느끼는 정도는 당신이 먹은 음식의 양에 따라 결정됩니다. 오랫동안 과식하는 습관에 사로잡혀 있었다면 자신의 배부른 상태를 인정하기가 어렵겠지만 습관을 고치면 됩니다. 배고프지는 않아도 더 먹고 싶은 상태와 음식이 꽉 차서 숨 쉬기도 어려운 상태는 다르니까 둘의 차이를 이해하자고요. 첫 번째 상태에서 두 번째 상태로 가기 전까지 당신은 언제든지 음식 먹기를 멈출 수 있습니다. 자동차에 기름을 넣는 과정과 같다고 생각하면 됩니다. 기름을 반쯤 채울 수도 있고, 3/4 정도 채울 수도 있고, 가득 채울 수도 있잖아요? 배가 80% 정도 부르다 싶었을 때 그만 먹는 습관을 지닌 안전주의자들을 보면, 그렇지 않은 사람들보다 장수한다고 알려져 있습니다. 적당히 먹는 습관이 건강을 지켜주어서 오래 살 수 있게 도와주는 셈이지요.

음식을 잘 골라서 섭취하면 도움이 됩니다. 배가 부르다는 느낌에 그치지 않고 당신의 입맛까지 사로잡을 수 있는 음식을 고르세요. 우리는 배를 채우기 위한 목적으로만 먹는 게 아니라 입맛을 만족시킬 목적으로도 음식을 먹습니다. 당신의 입맛이 끌리는 음식으로 배를 채워야만 만족스러운 식사라고 할 수 있어요. 음식을 선택하는 과정이 중요하다고 반복해서 말하는 것도 이런 이유 때문입니다. 음식의 종류에는 죄책감을 느끼거나 제한을 두지 마세요.

그리고 당신의 식사에 몰두하세요. 당신의 마음을 챙기는 마음챙김 식사가 최고입니다. 당신이 먹고 있는 음식이 어떤 맛인지 관심을 가지세요. 그래야만 식사를 통해서 만족을 얻을 수 있습니다. 아무리 맛있고 귀한 음식이라도 제대로 집중하지 못하면 맛있을 리가 없으니까요. 그런데 사람들은 음식의 진짜 맛을 느끼지 못한 상태에서 식사를 끝내곤 합니다. 마음챙김 식사를 습관으로 만들려는 사람들이라면 이런 점은 반드시 고쳐야 한다고 저는 항상 강조해 왔습니다.

과식하지 않아도 필요한 영양소를 얻고 충분히 만족할 수 있습니다. 나중에 또 먹으면 된다는 사실을 항상 기억하면 좋겠어요. 음식을 통해서 만족을 얻을 기회는 당신의 인생에서 차고 넘칠 테니까 한 번에 몰아서 해결할 필요 없어요. 지금 당신이 느끼는 적당한 배부름을 만끽하고 과식은 하지 마세요. 그러면 됩니다.

하하, 자리를 잡고 앉아서 음식을 먹으려고 하니까 생각할 일들이 참 많군요. 복잡해 보이지만 최대한 단순하게 만들어봅시다. 우선 음식을 먹기 전에 자신이 정말로 배고픈 게 맞는지 확인부터 하고요. 육체적 배고픔이 아닌 것 같다면 왜 음식을 먹으려고 하는지, 혹시 다른 게 필요한 건 아닌지 따져봅시다. 그래도 정말로 배고프다고 확신한다면 다음은 어떤 음식을 먹어야 만족할지 결정할 차례입니다. 당신에게 활력을 주는 음식, 당신에게 인생의 즐거움을 알려주는 음식은 과연 무엇일까요? 음식을 제대로 선택했다면 그 음식을 먹으면서 자신이 배부르다고 느끼는 과정을 관찰해 봅니다. 더 먹을 수 없을 때까지 먹지 말고 80% 정도만 배를 채우는 현명함을 발휘하세요. 이는 더 이상 배고프다고 생각되지 않지만 배가 꽉 차서 무거운 느낌도 들지 않는 상태입니다. 자로 잰 듯이 정확하게 과학적인 수치를 따져서 이런 상태를 결정할 수는 없을 것입니다. 당신이 조금 더 만족할 수 있다면 상황에 따라서 조금씩 달라질 수 있습니다.

한입 한입이 주는 즐거움을 만끽하세요

8

당신이 먹는 한입 한입이 모여서 한 끼의 식사가 됩니다. 그런데 제가 보기에 당신은 이 사실에 별로 관심이 없는 것 같아요. 지금까지 맞이했던 수많은 인생의 순간에서 당신은 여러 가지 음식을 씹고 소화해 왔지만 진정한 맛은 즐기지 못하지 않았나요? 당신이 꼭 먹어보고 싶었던 음식이나 쉽게 먹지 못할 귀한 음식까지 이런 식으로 무의미하게 흘려보내는 건 너무 아깝지 않나요? 단 몇 입만이라도 좋으니 여유를 가지고 음식을 마주하세요. 음식이 당신에게 새로운 세상을 열어줄 겁니다.

한입 한입 먹을 때마다 그 음식을 처음 먹는 기분으로 음식을 마주하세요. 자, 그리고 당신의 식습관이 어떻게 달라지는지 확인해 봅시다. 당신의 음식과 당신의 배에 더욱 관심을 가지게 되겠지요? 보통은 음식을 한입만 먹어도 '내 스타일인지 아닌지' 확실해지지만 가끔은 그렇지 않을 수도 있습니다. 예전에 그 음식을 먹었던 횟수와는 상관없이 그 순간에 먹는 그 음식의 한입이 지금 당신에게 전해주는 맛, 그 맛에 주목하세요. 한입씩 먹을 때마다 당신에게는 지금까지와는 다른 기회가 주어지는 셈입니다. 지금의 한입은 어제의 한입이 아니에요. 당신에게는 매 순간이 새롭습니다.

저에게 수업을 듣는 주디는 일주일 정도 '마음챙김 식사의 BASICS'를 연습하더니, "저 이제 음식에 관심이 없어졌어요. 이런 기분 처음이에요!"라고 말하더군요.

사실은 주디 말고도 꽤 많은 사람이 저에게 비슷한 말을 합니다. 자신을 정확히 파악하고 있는 이 사람들이 당신이 보기에는 신기한가요? 당연한 일이니까 놀랄 필요는 없어요. 당신이 그동안 다른 곳에 정신이 팔려서 둔감해졌던 것뿐입니다. 먹고 있는 음식에 충분한 관심을 기울이지 않았나요? 괜찮아요. 당신처럼 음식에 무감각한 사람들이 많습니다.

이제부터라도 마치 새로운 음식인 것처럼 당신의 음식을 바라봐 주세요. 당신이 먹는 음식이 어디서 왔을지 한 번쯤 생각해 보고, 이 귀중한 음식을 키워준 햇볕과 비 그리고 대지에 감사하는 마음도 가져봅시다. 그리고! 고유의 맛과 식감과 향과 모양에 주목하고, 맛이 오래도록 입안에 남아있는지 아니면 순식간에 사라지는지(복잡한 가공공정을 거친 인공식품이 주로 이렇습니다만) 곱씹어가면서 음식을 먹으면 좋겠지요? 음식이 맘에 들지 않으면 그만 먹으면 되고, 맛있으면 한입 더 먹으면 됩니다.

자, 당신 차례입니다. 음식 앞에서 침착해지세요. 음식을 먹으면서 느끼는 모든 감각에 집중하고 말 그대로 음식과 당신이 하나가 되는 순간을 꼭 느껴보세요. 음식에는 당신의 기분을 바꿀 힘이 있습니다. 좋은 쪽으로든 나쁜 쪽으로든 당신을 바꿔놓을 텐데, 그 변화를 기준으로 삼아서 당신의 정신건강과 육체건강을 유지할 식사 방식을 찾으세요. 지금의 한입이, 잠깐 깨어난 입맛이, 순간의 향기가 당신을 완전히 만족시킬 수는 없어도 추억을 되찾아 줄 수는 있습니다.

제과점에서 풍겨오는 달콤한 향기로 어릴 때 엄마가 구워주시던 빵을 떠올리면 어떨까요? 저는 갓 구운 빵을 덮은 축축한 키친 타월을 들추던 그 순간이 너무 좋았습니다. 빵 반죽을 살짝 찍어 먹었을 때 입안을 맴돌던 그 맛! 아직도 생생하게 기억합니다. 또 있어요. 페스토를 먹으면 밭에서 수확한 바질과 그 바질로 만들어 먹었던 맛있는 음식들이 추억으로 떠오릅니다. 그 맛있는 음식을 다른 사람들과 나눠 먹기도 했지요. 아, 밭에서 수확해서 바로 먹는 토마토는 또 어떻고요? 어릴 때 먹었던 토마토와 그때의 햇볕, 즐거운 저녁시간과 잔디밭에 누워서 바라보던 하늘이 고스란히 되살아납니다.

음식을 먹는 환경도 중요합니다. 맛있는 음식은 일회용 접시에 담아도 맛있고 좋은 그릇에 담아 먹어도 맛있지만, 어쨌든 격식을 갖춰서 먹는 습관을 길러보세요. 정성껏 식탁보와 그릇, 수저, 컵을 준비하고 식탁에 꽃병도 놓아봅시다. 촛불을 켜고 음악을 곁들이면 완벽합니다. 그렇게 준비한 식사시간에 당신은 차분한 마음으로 음식과 마주할 수 있습니다. 그래요, 그 상태로 마음껏 즐기면 됩니다.

식사를 시작하는 처음 한입부터 소중히 여기겠다고 약속하세요. 가장 맛있는 그 한입을 놓치지 마세요. 눈을 감아도 좋으니 그 한입의 순간을 온전히 독차지하고 몰두하세요. 처음 당신의 입에 들어온 그 한입이 모든 것을 결정하니까요. 당신이 두 번째 한입을 먹게 만드는 것도 처음의 한입입니다. 그 처음 한입부터 끝까지 최선을 다해서 만끽합시다. 적당한 순간에 멋지게 식사를 마무리하려는 당신에게 이 말을 꼭 하고 싶어요. 한입 한입을 허투루 보내지 맙시다.

식사와 심호흡

9

지금까지 저는 자신에게 주어진 인생의 시간에 최선을 다해서 집중해야 한다고 말했습니다. 침착하게 천천히 자신의 마음을 챙겨야만 당신이 가진 그 시간에 집중할 수 있겠지요? '침착하게 천천히'는 어렵지 않습니다. 간단하게 그리고 때로는 매우 창의적인 방법으로 당신은 '침착하게 천천히' 자신의 마음을 챙길 수가 있습니다.

구체적인 방법 하나를 소개할게요. 요즘에는 인구의 85% 정도가 스마트폰 보유자이고 날마다 폰을 손에서 거의 놓지 않는데요. 지금부터는 이 스마트폰을 활용해서 자신의 마음을 돌아보고 진정으로 이해하는 방법을 살펴보도록 하죠. 더 이상 스마트폰을 당신을 멍하게 만들거나 집중을 방해하는 존재로 생각할 필요가 없습니다. 스마트폰의 역할을 완벽하게 이해하면 스마트폰에서, 그리고 자꾸만 조급해지려는 당신 자신에게서 벗어날 수 있습니다. 당신은 자유의지대로 행동할 수 있는 사람이니까 쉴 새 없이 당신을 찾는 벨과 진동을 고스란히 느낄 수도 있고, 그 모든 걸 차단하고 휴식을 취할 수도 있잖아요.

딜로이트(Deloitte)가 진행한 2018년 세계 스마트폰 이용자 설문 통계 결과에 따르면 이용자들은 보통 하루에 52번 정도나 자신의 스마트폰을 확인한다고 합니다. 또 다른 실험 통계도 있습니다. 이번에는 아슈리온(Asurion, 디바이스 보호 기술을 제공하는 미국 기업-옮긴이)에서 진행한 실험입니다. 조사 결과를 바탕으로 평균을 계산해 보니, 사람들은 스마트폰을 전혀 확인하지 않고 길게는 4시간 정도까지 견뎠고, 시간이 더 지나자 스마트폰을 확인하려고 전전긍긍하기 시작했습니다. 조사 참가자는 총 2,000명이었는데 사실 이들 중 31%는 스마트폰을 보지 않는 실험을 진행하는 내내 계속해서 조바심에 어쩔 줄 몰랐고, 대상자 전체에서 60%를 차지하는 사람들이 스마트폰 전원이 꺼지거나 자신의 손에서 멀어지자 일정 수준의 스트레스를 느꼈습니다. 게다가(또 다른 놀라운 결과가 아직 남아있습니다) 참가자의 62%는 단 하루 스마트폰을 사용하지 못하느니 차라리 일주일 동안 초콜릿을 하나도 먹지 않는 게 견디기 쉽다는 반응을 보였습니다.

저는 지금 당신에게 초콜릿 없이 일주일을 버티라고 요구하는 게 아니라, 당신이 그렇게 좋아하는 스마트폰을 마음챙김 식사를 위한 도구로 활용하라는 겁니다. 페이스북, 트위터, 인스타그램을 기웃거리고 유튜브에서 댕댕이와 냥이를 비롯한 각종 귀여운 동물 영상이나 뉴스를 찾아보는 게 지금까지의 스마트폰 이용법이었다면, 이제부터는 당신의 변화를 위해 스마트폰을 사용해 보세요! 꼭!!

스마트폰 화면에 손대기 전에 동작을 멈추고 당신이 가진 모든 감각부터 깨우세요. 우선 심호흡을 몇 번 한 다음, 화면을 통해 보고 듣고 느끼고 심지어 맛보고 냄새 맡게 되는 것들을 받아들여 보세요. 자, 이제 당신은 어떤 감정을 느끼고 어떻게 생각할까요? 이 과정, '나에게로의 체크인'은 15초 정도만 투자하면 충분합니다. 스마트폰의 세계에서 허우적거리기에 앞서서 무엇이 당신의 의식을 지배하고 있는지 확인하세요. 앞서 소개했던 통계를 기반으로 당신이 하루에 52번씩 스마트폰을 확인한다고 가정했을 때, 스마트폰을 확인할 때마다 15초씩 투자하면 하루에 30분이라는 시간을 당신의 변화에 사용할 수 있다는 결론이 나옵니다. 하루에 30분이면 별거 아니라고요? 과연 그럴까요? 그 시간은 당신이 쓸데없이 스마트폰에 빠져드는 것을 스스로 차단할 힘을 키우기에 충분합니다. 스마트폰을 들여다보고 싶다는 순간의 조급함을 일단 가라앉히면 자신이 정말로 원하는 것을 스마트폰이 제공해 줄 수 없다는 사실을 깨닫게 되면서 당신은 달라질 것입니다.

1 서두르지 말고 자신의 감각을 찾으세요

이제부터 전과는 다른 태도로 스마트폰을 사용해 봅시다. 화면잠금을 해제하기 전에 보이지 않는 '일단 멈춤' 신호를 무조건 지켜주세요. 손에 쥐고 있어도 덥석 만지지 마세요. 일단 눈을 감고 심호흡부터 합시다. 당신의 신체 긴장도, 체온, 피곤한 정도 등을 스스로 모두 점검하면서 호흡을 계속합니다. 그리고 당신의 기분과 생각이 어떤지 확인하세요.

자, 눈을 뜨고 주변을 살펴봅시다. 소리가 들리나요? 냄새가 느껴지나요? 호흡을 계속하면서 감각을 총동원해 당신이 느낄 수 있는 모든 것을 느껴보세요. 15초 정도 이 상태를 유지합니다. 그러고 나면 이제 당신은 곧바로 스마트폰을 확인하고 싶겠지요. 더 참아볼 수도 있고요. 어느 쪽을 선택하든 그것이 신중한 선택이길 바랍니다.

'일단 멈춤'을 연습하는 동안 당신 자신에게 '사랑이 깃든 친절(Loving-Kindness)'을 보여주면 어떨까요? 이것도 어렵지 않아요. 자신에게 반복해서 말해주면 됩니다. "난, 다 괜찮아. 행복하고 건강해. 내 인생은 기쁘고 즐거워."라고 말이지요. 이건 미주신경 긴장도(Vagal Tone, 부교감신경 중 하나인 미주신경의 활성화 정도-옮긴이)를 높여서 목표를 달성하는 방법입니다. 소속감, 친구와의 우정, 공감능력을 높일 뿐만 아니라 심혈관, 포도당, 면역반응까지 개선할 수 있다고 합니다.

스마트폰이 아니라 당신 자신과 친해지세요. 당신의 기분에 더 관심을 가지세요.

그리고 하나 더!

일상생활 중에도 심호흡을 실천해 봅시다. 찾아보면 마음챙김을 연습할 기회가 참 많거든요. TV를 켜기 전에 한 번, 컴퓨터를 켜기 전에 한 번, 통화연결 도중에 한 번, 건널목에서 신호가 바뀌기 전에 한 번, 줄 서서 차례를 기다리는 동안 한 번, 무언가를 시작하기 전에 한 번. 그동안은 '무언가를 기다리면서' 이 많은 기회를 흘려보냈잖아요. 마음챙김을 실천해서 '기다림'을 '살아있음을 확인하는 순간'으로 바꿉시다. '일단 멈춤'을 의식적으로 시도해 보세요. 현재에 좀 더 충실하고, 주변에 대해 더 민감해지고, 더욱 편안해진 마음을 가지게 될 거예요. 그리고 시간을 낭비하고 있다는 생각은 하지 않게 될 겁니다. 당신 자신과 당신이 살아가는 현재를 위해서 시간을 사용하니까요. 우리에게 주어진 매 순간은 지나가면 다시 돌아오지 않아요. 그 귀중한 순간을 가치 있게 사용합시다.

당장 닥친 일에 집착하지 마세요, 중요한 일을 해야죠

10

크리스토프 앙드레(Christophe André)의 저서 《마음챙김의 시각으로 세상 바라보기: 예술을 통해 이 순간을 가장 멋지게 사는 25가지 방법(Looking at Mindfulness: 25 Ways to Live in the Moment Through Art)》에는 이런 구절이 있습니다.

> "살면서 당신에게 주어지는, 급박해 보이는 모든 일은 정말 필요한 일을 못 하게 방해하는 요소이다."

그리고 바로 다음에는 또 다른 구절이 이어집니다.

> "정말 필요한 일을 제대로 하지 않아도 지금 당장에는 아무 문제가 없어 보일 것이다. 그렇지만 사실 내 인생은 칙칙하고 눈물 날 만큼 안쓰러운 존재로 바뀌다가 마침내 존재 가치를 완전히 잃어버린다."

처음 이 책을 읽었을 때는 나도 앙드레가 구분한 두 가지, 즉 급박해 보이는 일과 정말 필요한 일을 구분할 줄 모르는 상태였습니다. 그러다가 나 자신이 '정말 필요한 일을 제쳐두고 급박해 보이는 일부터 처리하는 바로 그 사람'임을 깨달았습니다. 심리학 박사과정을 공부하던 도중에 알게 되었지요. 당시 매우 중요한 시험에 응시하려던 저는 시험공부에 있어서 혼자만의 완벽을 추구했고, 어리석게도 그 완벽이 현실로 이루어질 수 있다고 믿었어요. 몇 시간 동안 공부를 하다가 피곤해져서 요가로 몸을 좀 풀고 싶다는 생각이 들었습니다. 그런데 그 순간! 갑자기 어떤 생각이 제 머리를 번개처럼 번뜩 스쳐 갔습니다!

'네가 지금 요가나 할 때야?'

전에도 그런 생각은 여러 번 했지만 그 순간만큼 또렷한 목소리의 형태로 제 귓가에 들린 경우는 없었습니다. 마침내 저는 인정하고야 말았습니다. 사람들이 더 나은 인생의 순간을 만끽하도록 도와주는 직업을 가지고 있으면서 정작 나 자신이 순간을 누리지 못하게 막고 있었다는 사실을요. 정말 우스꽝스럽고 어처구니없는 상황이잖아요. 그래요, 맞습니다.

그 순간 제게 깨달음이 찾아왔습니다.

그 정도면 할 만큼 했습니다. 이제부터는 급박해 보이는 일에 가로막혀서 정말 중요한 일, 특히나 그게 나 자신을 돌보는 일이라면 절대로 놓치지 않을 겁니다.

당신은 어떤가요? 비슷한 실수를 저지르지 않았나요? 그렇다면 어떤 방법으로 바로잡을 수 있을까요? 제 경험에서 느낀 그대로를 당신에게 전해줄게요. 당신의 최종 목표는 당신 자신의 마음을 챙기는 것이어야 하고, 당신을 방해하는 습관이나 주변의 요인을 정확하게 파악하려면 명상이 필요합니다. 그러한 것들이 쉽게 제거되지 않고 끊임없이 계속된다면, 그로 인해서 받는 스트레스를 또 다른 기회로 삼아서 지금까지와는 다른 방식으로 마음챙김이라는 목표를 향해 나아가야만 합니다. 마음챙김이란 자신에게 정말로 중요한 게 무엇인지 깨우치는 과정입니다. 마음챙김을 연습할 때 자신을 가로막는 장애물을 향해 "더 이상 휩쓸리지 않겠어."라고 말하는 용기를 갖고 싶다면 명상을 해보세요.

제가 이 책에서 소개했던 간단한 명상이든, 당신이 이미 하고 있던 또 다른 형태의 명상이든, 어떤 것이든지 좋습니다. 명상은 당신을 방해하는 이른바 '잡생각, 딴생각, 쓸데없는 생각'의 진짜 모습을 보여줍니다. 그렇지만 잊지 말아야 할 한 가지. 자신에게 분명하게 약속해야 합니다. 명상 도중에 이메일이나 SNS를 확인하지 않겠다고. 명상 도중에 밀린 회사 업무나 공부, 과제 등을 처리하지 않겠다고. 그리고 명상 도중에 음식을 먹지 않겠다고. 명상 시간을 마음챙김을 연습하는 데만 온전히 사용해야 합니다.

지금 그 자리에 그대로 앉아 움직이지 마세요. 바로 그 자세로 심호흡을 하면서 당신의 머릿속에 뒤죽박죽 엉켜가는 생각들을 그대로 놓아두세요. 지금의 당신에게는 마음챙김을 위한 명상이 세상에서 가장 중요한 일입니다. 명상이 끝난 다음에는 어차피 다른 일들을 처리할 시간이 충분히 주어질 거예요. 명상을 통해서 마음의 중심을 잡고 평온해지면 오히려 다른 일들을 예전보다 더 잘할 수 있으니까 걱정할 필요가 없습니다.

당신은 명상을 활용하여 인생에서 언제나 정말 중요한 일부터 해내는 사람이 될 수 있습니다. 음식을 먹는 문제에 적용해 봅시다. 배가 고프지 않은데도 무언가 더 먹고 싶다는 강렬한 욕망에 사로잡힐 때마다(이 욕망은 결코 쉽게 사라지지 않더라고요) 당신은 당신의 배를 만족시키는 게 매우 급한 문제라고 생각할 것입니다. 그렇지만 그렇게 먹고 나면 당신의 배는 만족을 느끼는 게 아니라 더부룩함을 느끼고, 당신의 마음은 '아, 내가 또 과식했구나!'라는 죄책감에 사로잡히겠죠. 그러니 이제 그 고리를 끊고, 적당한 양을 먹고 나서 느낄 수 있는 자신의 신체 상태를 확인하고 만끽하세요.

앞에서 한 말을 또다시 하겠습니다. 당장은 급한 것 같은 문제부터 해결하는 게 맞을 거라는 생각이 듭니다. 그렇게 해도 괜찮은 것 같고요. 하지만 그러면 결국 내 인생은 내 것이 아니게 되어버립니다. 어떤 명상 전문가는 이런 인생을 '사고를 맞이한 것처럼 해결해 나가는 인생'이라고 표현했습니다. 이는 첨단기술의 홍수, 전에는 없었던 다양한 활동들, 주변 사람들의 각기 전혀 다른 의견들, 그리고 당신의 머릿속에 문득문득 휘몰아치는 생각들까지, 골칫거리만 해결하다가 주어진 시간을 모두 다 써버린다는 뜻입니다. 당신은 왜 이렇게 사나요? 주변 사람들을 만족시키려고? 아니면 자신이 세워놓은 당치도 않은 목표 때문에? 이런 것들이 당신의 인생에서 가장 중요한 존재인가요?

저는 이 물음에 아니라고 대답하겠습니다. 정말 중요한 일에 자신을 투자합시다. 다른 사람들과 적절한 관계를 유지하고 자신의 상태를 세심하게 살피면서 인생의 참된 맛을 깨달아갑시다.

제가 이 글을 쓰고 있는 시간은 오후 3시 15분이고, 저는 지금 계속 글을 쓸지(하루에 천 단어 이상 쓰겠다는 목표를 세웠거든요) 아니면 요가를 할지(나에게 에너지와 차분함을 안겨주는 것이니까요) 고민 중입니다. 우습지요? 고민을 그만두고 계속 글을 쓰는 게 현명한 판단인 것 같긴 합니다. 지금 글을 안 쓰면 책을 완성할 수 없으니까요. 그렇지만 내게 주어진 앞으로의 긴 인생을 고려해 보면 지금은 나만의 계좌잔고를 채워야 하는 순간입니다. 나의 감정과 육체 그리고 정신을 모두 돌보아서 잔고를 많이 늘려놓아야 합니다. 이 과정이 없으면 저는 다른 일을 전혀 할 수가 없습니다. 오랜 시간 동안 명상을 하고 요가를 하면서 나는 나만의 계좌잔고를 채워왔습니다. 명상과 요가는 내게 몸과 마음의 평안함 그리고 주어진 일을 처리할 능력을 줍니다. 저는 명상과 요가가 내게 준 선물을 직접 느끼며 살아왔습니다. 4시가 되면 요가를 하러 가야겠습니다. 그게 제 결론입니다.

나에게 정말로 중요한 일을 찾겠다는 목표를 세웠다면, 침착해지세요. 침착함이 당신에게 판단 능력을 줄 것입니다. 중요한 일을 가려낼 수 있게 될 거예요. 음식을 먹기 전에, 계획을 세우기 전에, 중요한 일을 결정하기 전에, 이메일을 보내기 전에, 다른 사람의 제안을 수락 또는 거절하기 전에 우선 침착함을 되찾으세요. 이 외에도 살면서 경험하는 많은 문제들을 잘 해결하고 싶다면, 우선, 침착함부터 찾으세요. 평온한 마음으로 냉정하게 생각하세요. 앞으로의 일을 하나하나 그려보세요. 당신에게 충분히 생각할 틈을 주지 않는 일은 당신에게 정말 중요한 일이 아니에요. 당신에게 정말 중요한 일, 당신이 지금 바로 자신을 소비해야 하는 일이라면 천천히 공을 들여가면서 최선을 다하고 그 결과로 큰 기쁨을 얻을 수 있습니다. 다 끝나고 안도의 한숨을 내쉬는 당신! 정말 중요한 일을 해낸 당신이라면 자격이 충분해요.

(먹지 말고)
감정을 가라앉히세요

"이 순간 무슨 일이 일어나더라도 당신이 그것을 선택했던 것처럼 기쁘게 받아들여라. 이 순간과 타협하라. 싸우면 안 된다."

—에크하르트 톨레Eckhart Tolle

괴로움이든 기쁨이든 자신의 감정을 해결하기 위해 과식하는 사람들이 정말 많습니다. 제 수업을 들으러 오는 수강생의 상당수가 그렇습니다. 슬픔, 분노, 외로움, 지루함, 스트레스, 우울증을 잊기 위해 먹으면, 그때는 불만이 사라지겠죠. 기뻐서, 즐거워서, 마치 하늘로 날아갈 것처럼 기분이 좋아서 먹는다면, 그건 나름대로 멋지네요. 양쪽 모두 음식을 활용하는 방법으로 나쁘지 않겠지요. 그렇지만 항상 주의를 기울이고 있어야 합니다. 당신이 언제 어떤 모습으로 음식을 먹으면서 자신을 달래는지 알고 있어야 하잖아요.

부정적인 감정을 음식으로 해결하려던 당신은 곧 음식이 일시적인 만족 아니면 순간의 단꿈에 불과하다는 것을 깨닫게 됩니다. 오히려 또 다른 문제를 일으키지요. 당신은 허기지지 않으면서도 속이 더부룩할 정도로 과식한 자신을 원망하고 후회하게 됩니다. '왜 이렇게 많이 먹었지? 나 문제 있는 사람인가? 대체 난 언제쯤 정신 차릴까? 내가 이런 짓을 하다니!' 혹 떼려고 했다가 더 큰 혹을 붙이는 셈입니다.

많은 사람이 부정적인 감정을 없애는 올바른 방법을 몰라서, 쉽고 빠르게 해결해 보려고 음식과 같은 유혹에 빠집니다. 이제부터는 마음챙김을 발판 삼아서 올바른 길을 찾아봅시다. 음식은 신체의 허기를 달래기 위해 꼭 필요하지만 공허한 마음에는 도움이 되지 않습니다. 음식이 아니라 관대한 마음, 이해심, 열린 생각을 갖는 게 맞습니다. 당신의 부정적인 감정에 익숙해지는 것부터 시작하세요. 제가 당신을 돕겠습니다. 기왕에 음식으로 문제를 해결하겠다고 결심했다면 그럴 땐 마음 편하게 즐겨야겠죠. 하지만 음식 말고 제대로 된 해결책은 많습니다. 당신의 감정을 그 자체로 온전히 이해할 수 있습니다.

자신의 감정을 정확한 이름으로 불러보세요

11

처음 요가에 참여하는 수강생들과 수업을 진행할 때마다 저는 항상 강조합니다. 자신의 신체감각, 기분, 그리고 생각의 변화를 눈여겨서 살피라고 말입니다. 말이 쉽지, 절대로 간단하지 않습니다. 기분의 변화가 제일 어렵다고들 합니다. 당연해요. 그럴 만한 이유가 꽤 많이 있습니다. 그중에서도 어릴 때부터 기분을 억누르라고 배웠던 게 가장 큰 이유입니다. 저도 엄격한 집안에서 성장했는데요. 아이들은 어른들의 눈앞에서 벗어나지 말아야 하되, 큰소리는 내면 안 되는 존재였습니다. 기분 표현은 최대한 자제해야 했지요. 부모님은 자신들이 배운 방식대로 저를 가르치셨죠.

제 개인적인 얘기는 이만하고 본론으로 돌아가서, 이제 감정과 기분을 구분하는 연습부터 해봅시다. 감정과 기분은 동시에 존재하면서 서로 영향을 주고받지만 어쨌거나 엄연히 별개의 존재니까요. 감정은 특정한 상황에 대해 뇌의 피질하 영역(특히 대뇌 변연계의 일부인 편도체)이 보이는 화학반응입니다. 운전 도중에 사슴 한 마리가 내 앞으로 뛰어들었다면 나는 공포라는 감정을 느끼죠. 공포는 다른 감정과 마찬가지로 투쟁도피반응(Fight or Flight Response)에 해당합니다. 공포는 그 모습이 크게 달라지지 않아요. 사람들에게 공포라는 감정은 비슷한 형태로 나타납니다.

그렇지만 기분은 감정을 인지하고 나서 그것을 개인의 경험, 신념, 기억, 현재상황에 맞게 해석해서 얻어지는 결과물입니다. 기분은 두뇌가 감정을 받아들이고 그것을 분석해 낸 결과물이기 때문에 당신이 자신의 기분에 의미를 부여하는 건 당연해요. 감정은 같더라도 그에 대한 반응은 사람마다 완전히 다를 수 있습니다. 스카이다이빙으로 느끼는 공포에서 즐거움이라는 기분을 얻어 가는 사람과 스트레스와 엄청난 불안을 얻어 가는 사람을 비교하면 이해가 쉬울 거예요.

자신의 기분을 제대로 인식하고 인정하는 이른바 '이름 붙이기' 과정이 당신에게 도움을 줄 것입니다. 객관적인 위치에서 부정적인 기분을 분석하고 스트레스를 낮추는 것이죠.

"혼내려면 이름부터 불러야지."

유명한 심리학자이자 많은 책을 집필한 작가이기도 한 대니얼 시걸(Daniel Siegel) 박사가 한 말입니다. '이름 붙이기'는 부정적 감정을 일으키는 이미지에 대해 (투쟁도피반응을 일으키는) 편도체와 그 외 다른 변연계 부분의 반응을 약화시킨다고 하지요. 동시에 우측 외배측 전두엽 피질을 활성화하여 감정적 고통을 유발하는 뇌 영역을 억제한다고 합니다. 쉽게 설명하면 비교적 괜찮은 기분을 유지하고 '엉망진창'까지 느끼지 못하게 만든다는 얘기지요.

스트레스를 받는 상황이라면, 혹은 그냥 아무렇지 않은 순간이라도, 당신의 신체감각과 기분과 생각에 집중해 보세요. 사실 신체감각과 기분과 생각은 서로 영향을 주고받습니다. 신체로 받아들인 자극은 기분과 생각까지 바꿔놓습니다. 몸이 피곤하고 축 처지는 오후 시간, 기분까지 뒤죽박죽이고 축 가라앉지 않나요? 그리고 생각하겠지요.

'초콜릿이나 먹을까?'

개인적 경험을 밝히자면, 저는 명상 도중에 초콜릿의 유혹에 사로잡히곤 합니다. 초콜릿을 먹으면 잠깐 힘이 나는 건 사실이에요. 적어도 초콜릿이 제 몸 안에서 완전히 사라지기 전까지는요. 그렇지만 초콜릿 대신 잠깐 산책을 해도 괜찮잖아요? 물을 한잔 마셔도 되고, 5분 정도만 눈 감고 쉴 수도 있지요. 초콜릿이 아니어도 우리에게 주어진 선택지는 많다는 겁니다. 다른 선택지들이 초콜릿보다는 더 오랫동안 당신에게 힘을 준다면? 자, 어떻게 하실 건가요?

제 친구인 캐런은 최근에 이런 말을 했습니다.

"달달한 음식이 먹고 싶어지기 시작한다면, 그건 나한테 변화가 찾아왔다는 의미야. 난 알아."

허기지지 않아도 음식을 찾는 당신, 지금 당신의 기분은 어떤가요? 음식을 집으려던 손을 멈추고, 당신의 기분에게 이름부터 지어주세요. 할 수 있겠어요? 나는 내 기분을 '안도감'이라는 이름으로 부르려고 합니다. 당신도 해보세요. 좋습니다, 잘했어요. 지금 아무 생각 없이 음식을 입에 넣으며 당신에게 주어진 기회를 놓치지는 마세요. '음식 먹기'부터 하지 말고 일단 멈춘 상태에서 다시 생각해 봅시다. 음식에 대한 조급함이 가라앉도록.

제 수강생 샤론의 경험이 당신에게 도움이 될 것 같네요. 샤론은 기분이 가라앉을 때나 슬플 때 먹을 음식부터 생각하던 사람이었지만 몇 주 동안 훈련을 하면서 마침내 자신을 바꿔놓았습니다. 샤론이 했던 것처럼 당신도 자신에게 솔직하게 털어놓으세요.

"나 지금 꿀꿀한 거 맞아."

또는,

"그래, 나 지금 슬퍼."

샤론은 자신의 기분을 있는 그대로 받아들였어요. 그리고 이렇게 마무리했답니다.

"이런저런 감정으로 꽉 차서 음식이 들어갈 자리가 없어."

한마디의 독백이 그녀에게 큰 변화를 가져다주었죠.

날마다 달라지는 자신의 신체감각, 기분, 생각을 적어두면 좋습니다. 스트레스를 받았을 때는 꼭 적어두고, 그렇지 않더라도 시도해 보세요. 아침이나 오후에 할 일을 생각하면서 적어두고, 일할 때나 집에서, 아니면 잠들기 직전에……. 언제라도 좋으니까 시간을 투자할 필요가 있습니다. 그 대신 짧게 끝내도 됩니다.

신체감각: 심장이 쿵쾅거림. 열남. 떨림을 느낌.
기분: 화남. 상처 받음.
생각: 걔가 나한테 한 말이 머리에서 떠나지 않아.

하면 할수록 보람을 느낄 거라고 제가 장담합니다. 특히 당신은 자신의 기분을 정확하게 이해하게 되어서 더 좋을 거예요. 그리고 이에 더해 비폭력 커뮤니케이션 센터(The Center for Nonviolent Communication) 웹사이트(https://www.cnvc.org/training/resource/feelings-inventory)에서 소개하는 '기분창고(Feelings-Inventory)' 활용법까지 곁들인다면, 드디어 당신은 '반드시 해결책을 찾아줘야 하는 기분'과 '그럴 필요가 없는 기분'을 가려내는 경지에 도달하게 될 것입니다.
제 말대로 해보세요. 좋은 기분이든, 나쁜 기분이든 가리지 말고 모두 적어두세요.

기분은 중립적이고 구체적인 존재랍니다

12

슬픔, 외로움, 두려움, 부끄러움, 절망, 불안함 등등 안 좋은 기분을 느낀 당신. 만약 당신의 기분이 상황에 맞지 않는다고 자책해 왔다면 더 이상 그러지 마세요. 기분 그 자체는 선악이나 옳고 그름의 기준으로 재판할 필요가 없어요. 마음챙김의 관점에서 봤을 때, 기분은 중립적이고 구체적인 존재예요. 그러한 기분을 통제하는 건 바로 당신이고요. 당신의 기분이란 당신에게 주어진 인생의 시간 동안 이 세상과 당신이 서로 얽히고설키면서 빚어낸 결과물입니다. 당신이 느끼는 기분 모두가 그래요. 앞서 당신의 기분에 이름을 붙이는 과정을 거쳤으니 더 정확한 방법으로 당신의 기분을 분석해 봅시다. 바로 'RAIN' 기법입니다.

명상 연구의 권위자이자 마음챙김 전문가로 유명한 미셸 맥도널드(Michele McDonald)가 'RAIN'을 학계에 처음으로 소개했습니다. 'RAIN'은 네 가지 요소, 즉 인지(Recognize), 인정(Allow), 관찰(Investigate), 수용(Nonidentification) 또는 격려(Nurture)를 줄인 말입니다. 타라 브랙(Tara Brach, 미국의 유명한 심리학자이자 작가로 불교식 명상을 옹호한다.-옮긴이)은 자기연민의 중요성을 강조하기 위해서 'RAIN'의 기본 과정 중 '수용'을 '격려'로 해석했습니다.

기분이 안 좋은가요? 음식을 먹고, 술을 마시고, 아무거나 막 사고, TV만 하염없이 보면서 시간을 대충 때우지 말고 'RAIN'을 시도해 보세요.

R | 인지 Recognize

첫 번째, 인지 단계입니다. 자신의 기분을 인지하세요. 기분에 이름을 붙여주세요. 분노, 공포, 혼란, 불안, 절망……. 시간을 투자해서 정확한 이름을 찾아봅시다. 정확한 이름을 찾았다는 사실이 당신에게 큰 힘이 되어줄 테니까.

A | 인정 Allow

두 번째는 인정. 당신은 어떤 것이든 기분을 느꼈고, 그 기분은 그저 기분일 뿐입니다. 언젠가는 사라지는 것에 불과해요. 살면서 누구나 얼마든지 지금 당신의 기분을 느낄 수 있고, 당신의 기분은 바람 불면 흩어지는 구름처럼 또 다른 순간이 오면 사라질 거예요.

"지금 내 안에서 분노가 느껴져."

"이 순간이 너무 슬퍼."

이런 식으로 당신이 느낀 기분을 자신에게 솔직하게 고백하세요. 시간이 지나면 그 기분은 조금씩 사라질 겁니다.

I | 관찰 Investigate

세 번째 단계는 관찰하기입니다. 당신의 몸, 기분, 생각을 관찰하세요. 몸이 흥분과 긴장에 사로잡혀 있나요? 아니면 피곤하고 무기력한가요? 그때마다 당신의 기분 그리고 당신 자신이나 주변 사람에 대한 생각이 달라지나요? 달라지는 것들을 당신 자신에게 모두 고백했나요? (전부 다 고백할 수는 없겠지요. 전보다 조금 더 많은 변화를 고백했다면 충분합니다.) 그 고백을 들은 후 당신은 몸과 기분, 생각의 변화에 대해 전과 다르게 이해하게 됐나요?

N | 수용 Nonidentification 또는 격려 Nurture

마지막 수용 또는 격려 단계에 도달한 당신, 마침내 당신이 느낀 기분을 당신에게서 떨어뜨려 놓고 그런 기분을 느낀 당신 자신을 수용 또는 격려할 힘을 갖게 됩니다.

이혼한 지 얼마 되지 않았을 무렵에는 주말마다 혼자 집에 있기가 약간 끔찍했어요. 그래서 쿠키나 브라우니 같은 것을 만들면서 초콜릿 향기를 만끽했죠. 오븐에서 갓 구운 쿠키를 꺼낼 때마다 느껴지는 포근함도 좋았어요. 필요 이상으로 먹지 않기 위해 노력하면서 저는 'RAIN'의 원칙에 맞춰서 내 기분을 종이에 써 내려갔어요.

R 인지

나는 외로움이라는 기분을 인지했어.

A 인정

내가 지금 외로움을 느끼는 건 맞아. 심호흡을 하면서 침착하게 외로움을 느껴야지. 가슴에 손을 얹고 심호흡해 보자.

I 관찰

피곤하고 나른하네. 외로워. 친구가 없어서 외로워. 흠, 진짜로 나한테 친구가 없나? 앨시아, 사라, 낸시, 킴, 캐서린, 로라, 마사, 제니퍼, 페기, 세라……. 10명이 넘는데? 더 세어보지 않아도 되겠네.

친구가 없는 게 아니네. 그럼 그 친구들한테 전화해 봐? 그건 싫어.

결국 같은 위치로 되돌아와 버렸군. 나 지금 피곤하고 나른해. 그래!!!!! 그래, 바로 그거야. 피곤하고 나른해서 좀 쉬고 싶어. 그게 다야. 요즘에 몇 주 동안 수업하면서도 피곤하고 나른했어. 일주일 동안 힘들게 일했더니 주말만 되면 꼭 이러더라. 맞아. 나는 외로운 게 아니고 피곤한 거야.

N 수용 또는 격려

피곤함을 느낄 수도 있지. 나만 그런 것도 아닌데, 뭘. 그래, 푹 쉬자.

'RAIN' 기법을 효율적으로 사용하면 한두 문장으로 표현할 수 있는 명쾌한 결론을 얻으면서 마음이 편해질 거예요. 자꾸 시도하며 점점 커지는 효과를 확인해 보세요. 쉽지 않다고 생각했던 일들도 한결 나아진답니다.

http://www.LynnRossy.com/multimedia에서 더 자세한 내용을 찾아볼 수 있습니다.

기분을 세 종류로 나눠보세요

13

당신이 자신의 기분을 받아들이고 이해하는 가장 쉬운 방법 중 하나는 마음챙김 두 번째 기초의 가르침을 수행하는 것입니다. 당신의 기분은 유쾌한 기분, 불쾌한 기분, 유쾌하지도 않고 불쾌하지도 않은 기분(기분의 중립상태)으로 분류될 수 있습니다. 당신이 눈, 귀, 코, 입, 그리고 몸과 마음으로 느끼는 모든 것은 반드시 이 세 가지 중 하나에 해당됩니다. 당신이 그 사실을 알든 모르든 그건 중요하지 않아요.

자, 당신이 느낀 기분은 다음 세 가지 중 무엇일까요? 확인해 보세요.

❶ 유쾌한 기분을 느낀 당신은 그 기분을 좀 더 오래, 더 많이 느끼려고 합니다(이 기분을 '갈망'하게 됩니다). 달콤한 초콜릿 케이크나 차가운 바닐라 아이스크림의 처음 한입이 그렇지요. '더, 더 느끼고 싶어! 이 기분.'

❷ 한편 불쾌한 기분에서는 어떻게든 빨리 벗어나고 싶어집니다('회피'하는 경향이 나타납니다). 고립감, 외로움 같은 기분이 대표적인데요. 이런 경우에는 원인을 제거함으로써 정면 돌파하거나 다른 일에 몰두해서 불쾌함을 잊어버리려고 합니다. 자신이 느낀 기분 자체를 부정하기도 하고, 음식을 실컷 먹어서 배부름으로 불쾌한 기분을 덮어버리기도 합니다.

❸ 중립적인 기분은 '이게 뭔가?' 싶고 그 실체를 제대로 파악하기 어려워요(그래서 '오해'하는 경우가 많습니다). 유쾌하지도 않고 불쾌하지도 않은 당신은, 자신이 심심하고 지루한 상태라고 판단하고 뭔가 새로운 할 일을 찾습니다. 음식 먹기, 온라인 쇼핑, SNS 구경, 밀린 일 처리하기 등등. 그동안은 유쾌하든 불쾌하든 특정한 기분을 처리하면서 시간을 보냈는데 아무런 기분도 느껴지지 않으니까 오히려 불편합니다. "뭔가 하긴 해야 하는데……." 고민만 하면서 시간을 낭비하기 쉽지요. 하루의 시간 중 대부분, 예를 들면 머리를 빗고 양치하고 주변을 둘러보고 물건을 집기 위해 움직이고 설거지하고 이부자리를 정돈하고 샤워하는 긴 시간에 당신은 중립적인 기분을 느낍니다. 그게 유쾌하거나 불쾌한 기분이었다면 당신은 불편함이 아니라 고통을 느꼈을 것입니다.

여기서 잠깐! 유쾌한 기분이나 불쾌한 기분 자체는 욕망이나 필요와 다른 것입니다. 다시 말해서 당신이 느끼는 기분은 그것이 어떤 종류이든 당신이 정말로 음식을 먹어야 한다는 신호가 아니라는 것이죠. 그러니까 당신의 기분이 어떻든 기분대로 음식을 마구 먹지 마세요. 마음챙김을 통해서 차분한 태도로 상황을 판단하세요. 당신의 선택이 분명 달라질 수 있다고 저는 믿습니다.

체중과 몸매에 신경을 많이 쓰는 패션모델들도 음식에 지나치게 집착하곤 합니다. 이런 이야기는 당신도 들어봤죠? 기분이 좋다고, 아니면 기분이 나쁘다고 과식을 하고 눈에 보이는 대로 아무거나 먹는 모델들의 이야기. 그저 잠깐의 효과에 불과한데도 그런 행동이 기분전환에 도움이 된다고 오해해서 똑같은 행동을 반복하다가 배가 더부룩해지거나 구토를 하며 끝이 나죠. 물론 음식을 구매하는 비용도 만만치 않고요.

이미 여러 차례 강조했지만 또 얘기할게요. 음식을 먹어서 당신의 기분을 회피하고 억눌러 봤자 문제를 완전히 해결할 수는 없어요. 당신을 정말로 도와줄 존재는 음식이 아니고 당신 자신을 돌아보는 시간, 즉 마음챙김입니다. 1단계, 올바른 시각으로 문제를 바라보고, 2단계, 당신의 선택에 따라 결과가 완전히 달라진다는 사실을 이해하고, 3단계, 앞으로 당신이 나아갈 방향을 결정합시다. 자신이 가진 문제를 능동적으로 해결하고 자신을 적극적으로 돌보려는 당신의 의지가 특히 중요합니다.

저한테 고민을 털어놓는 사람들은 이런 말도 굉장히 많이 해요.

"음식에서 손을 못 떼겠어요. 너무 맛있어요!!"

이해해요. 하지만 그 맛, 그 음식은 꼭 지금이 아니어도 언제든지 손에 넣을 수 있어요. 그러니까 집착하지 마세요. 배가 터질 정도로 꾸역꾸역 먹고 오히려 찝찝한 기분을 느낄 바에는 적당히 맛있게 먹고 살짝 아쉬움을 느끼는 게 훨씬 나아요. 그렇죠?

음식을 마구 먹어치우지 않아도 당신은 불쾌한 기분을 통제할 수 있어요. 그리고 중립적인 기분, 이른바 '이도 저도 아닌 기분'이야말로 사실은 아주 유쾌하거나 아주 불쾌한 기분보다 훨씬 편안하고 안정적인 상태랍니다.

그렇다고 제가 한 말을 무조건 믿지는 말아요. 스스로 고민하고 경험하세요. 어떤 기분을 느끼면 바로 휘둘리지 말고, 우선 그 기분이 유쾌한지 불쾌한지 중립적인지 관찰하세요. 그리고 기분의 원인이 특정한 소리 또는 장면 같은 외적 요인인지 아니면 자신의 감정, 생각 또는 신체감각인지 정확하게 판단하세요. 무조건 서두르지 말고, 있는 그대로의 기분을 인정합시다. 자, 제 질문에 답해보세요. 당신 신체의 어느 부분에서 어떤 감각을 느꼈죠? 시간이 지남에 따라 그 감각은 어떻게 달라졌나요? 갑자기 나타났다가 점점 강렬해지는 모든 느낌은 결국 없어지니까 지금은 그냥 그대로 놔두세요. 침착한 태도를 유지하세요.

당신이 반드시 해야 할 일은, 당신이 느낀 기분에 휘둘리지 않고 그 기분에게 알맞은 이름을 붙이는 것입니다. (이름을 지어주는 방법은 앞에서 설명했습니다.) 유쾌한 기분은 '유쾌하다', 불쾌한 기분은 '불쾌하다', 중립적인 기분은 '아무렇지 않다'라고 불러주세요. 그거면 충분합니다. 당신이 느끼는 모든 기분에 이렇게 대처하세요.

심심한가요? 어쩌면 심심한 게 아닐지도 모릅니다. 일단 침착하게 상황을 관찰해 봅시다. 당신의 내면이 들려주는 이야기에 집중하시고요. 이제부터 해야 할 일을 차근차근 고민해 봅시다. 뭘 하면 좋을까요? 가만히 있어도 물론 괜찮아요. 창가에 앉아 바깥 풍경을 즐기면 어때요? 다 좋으니까 음식에 집착하지만 마세요(여태껏 그랬다고 해도). 거창한 계획도 필요 없으니까 그냥 숨을 크게 쉬면서 '아, 지금 나는 이런 상태구나.'라고 받아들이세요. 그런 당신에게 게으르다고 비난할 사람은 아무도 없습니다.

다섯 가지 문제 요소를 이해하세요

14

생전의 석가모니는 사람의 정신과 육체를 차지하고 멋대로 조종하는 5가지 문제 요소를 지적했습니다. 당신이 명상 중이든 아니면 다른 일을 하든 가리지 않고 당신을 시험하는 5가지 문제 요소는 바로 욕망, 분노, 불면, 걱정, 그리고 의심입니다.

욕망

갖지 못한 것을 탐내거나 이미 가진 것을 더 많이 원하는 상태가 욕망입니다. 당신은 더 맛있는 음식, 더 많은 친구, 더 많은 옷, 더 멋진 신체, 젊음 또는 성숙, 새 차, 더 큰 집 등등을 욕망의 대상으로 삼습니다. 욕망 그 자체가 잘못은 아니지만, 당신을 부추기는 광고나 주변의 유행에 그대로 따라가진 맙시다. 당신의 마음부터 챙기세요. 그러면 자신의 의지가 아닌 것에 끌려가는(음식이 맛있다고 계속 먹는) 당신에게 제동을 걸 능력이 생깁니다. 대책 없이 끌려가지 말고 좀 더 생각해 보세요. 실현해도 좋은 욕망, 당신에게 도움이 되는 욕망이라고 확신이 섰을 때 따라가세요. 이러한 욕망은 당신을 끌고 다니지 않습니다. 오히려 더 나은 당신이 되도록 이끌어줍니다.

분노·혐오

현재 상황을 그대로 두면 안 되겠다는 감정이 혐오이고, 분노는 특히 당신을 가로막는 존재에 대해 느끼는 감정이지요. 즉 분노는 인생이 당신에게 준 것에 대한 저항이기 때문에 인생은 분노를 느끼는 당신을 괴롭힐 텐데요. 가벼운 고통을 주기도 하고 끔찍한 시련에 빠트리기도 합니다. 저는 당신에게, "이런 과정은 어차피 날마다 반복되는데 당신이 바꿀 수 없는 상황까지 바꿔보겠다고 아등바등하지 마세요."라고 충고할게요. 당신은 당신의 마음을 챙기고 참을성과 관용을 배워야 합니다. 그렇지만 명심하세요. 당신을 해치려는 존재에게는 분노를 꼭 표현하세요. 그건 당신이 가진 지극히 정당한 권리니까요.

불면

누구나 잠을 제대로 못 자면 일을 그르치기 마련입니다. 그런데 불면은 여기서 횡포를 멈추지 않습니다. 불면은 간식이나 음료수를 평소보다 더 자주 찾게 만들고, 그런 식으로 에너지를 얻은 대가를 치르게 합니다. 당신은 너무 많이 먹어서 잠들기 더 힘들어질 것입니다. 기운을 차리려고 음식을 먹어도 소용없을 뿐만 아니라 먹는 과정에 너무 많은 에너지를 써서 오히려 지쳐버리죠. 제가 한 말을 흘려듣지 말아요. 의미 없는 식욕이나 갈증에 시달리지 않으려면 충분한 잠이 필요합니다.

안절부절못함·걱정

해야 할 일 목록 만들기, 자신에게 주어진 임무 내지는 의무에 관해 고민하기. 저의 명상수업 수강생들한테 명상 주제를 물어봤더니 이 두 가지가 제일 많았습니다. 앞으로 펼쳐질 상황에 대처할 자신이 없다는 의미지요. '마무리하지 못했을 때, 실수했을 때, 문제가 더 커졌을 때 어떻게 수습한담?'

운동 부족, 음식과 카페인음료 과다섭취도 안절부절못하는 상태의 원인으로 꼽힙니다만, 감당하기 싫은 불편한 상황이야말로 일등공신입니다.

의심

당신은 진실을 알기 어렵고, 결단력이 부족하고, 판단기준이 애매하고, 자신을 믿지 않습니다. 그렇기 때문에 당신은 의심합니다. 의심은 당신이 실천하지 못하게 방해하는 장애물, 당신의 능력을 가로막는 걸림돌입니다. 의심은 당신을 우유부단한 사람으로 만들고, 그런 당신은 자신이 의심한다는 사실조차 깨닫지 못하지요. 의심은 당신을 붙들고 놓아주지 않습니다.

구체적으로 설명할게요. 의심하면 마음챙김도 소용없습니다. 가능성이 없다는 가정에 맞춰서 행동하니까 그 가정이 현실이 되죠. 의심할수록 연습을 게을리하게 되고, 그럼 당연히 효과가 더 떨어지겠죠? 그럼 당신은 마음챙김이 전혀 의미 없다고 믿게 되죠. 사실은 당신이 최선을 다하지 않았기 때문인데도요. 네, 맞아요. 의심은 정말로 골치 아픈 존재예요.

5가지 문제 요소를 살펴봤으니까, 극복 방법도 알아봐야겠지요?

❶ 무언가 욕망을 느낀다면 감사를 실천하세요. 감사 일기를 쓰면서 당신에게 주어진 많은 축복들을 되새기는 시간을 가지세요. 배가 부른데도 식욕을 참을 수 없다면 자신한테 이렇게 말해주세요.
"나중에 배가 고플 때 또 먹으면 되잖아. 이미 맛있는 것을 먹었어. 감사한 일이지."
❷ 분노나 혐오를 느끼는 순간에는 '사랑이 깃든 친절'을 훈련하세요.
"나는 나를 해치려는 것들로부터 자유로워. 나는 평화를 느끼고 있고 내 인생에 만족해. 나는 건강한 사람이고 적당한 체력을 갖고 있어. 나는 나름대로 즐겁고 편안한 인생을 살고 있는 거야."
주변의 모든 사람과 모든 경험을 열린 마음으로 바라봐요. 분노나 혐오가 조금씩 사라질 거예요(36장에서 더 많은 얘기를 해볼게요).
❸ 불면은 잠깐의 낮잠으로 해결할 수 있어요. 토머스 에디슨, 레오나르도 다빈치, 엘리너 루스벨트 같은 유명인들도 당신처럼 불면에 시달렸다고 합니다. 제 남편(제 남편은 유명인까지는 아니지만 뛰어난 실력을 지닌 가정의학 전문의예요)도 그렇고요. 이 사람들이 공통적으로 하는

말인데, 적당히 낮잠을 자면 정신을 차리고 각성할 수 있대요. 낮잠을 잘 수 없다면 몸을 일으켜서 스트레칭을 해도 좋고, 일정한 시간이 지날 때마다 가벼운 산책을 해도 도움이 된대요. 적당한 음식을 골라서 섭취할 수도 있고요. 당신이 하루를 버티고 밤에 잠을 푹 잘 수 있도록 도움을 주는 방법들은 이렇게 다양하답니다.

❹ 안절부절못하거나 걱정에 휩싸일 때는 심호흡으로 대처하면 큰 효과를 볼 수 있어요. 정면돌파와는 정반대인데요. 일단 심호흡부터 하면서 문제를 조금씩 잊어보는 겁니다.

❺ 자, 어느덧 마지막입니다. 의심은 어떻게 해결하면 좋을까요? 거꾸로 당신이 질문을 던지면 됩니다. 당신은 어떤 가치관으로 인생을 살았고, 어떤 생각을 하고 있고, 어떤 경험을 했나요? 어떤 기분을 느끼고 있나요? 당신이 고민하는 그 상황에서 특히 어떤 부분이 두렵고 불안한가요? 당신이 새로운 시도를 한다면 그 결과는 어떨까요? 어떤 사람은 유난히 의심하는 성향이 강한데, 혹시 당신이 그렇진 않을까요? 일단 사소한 일부터 결정하고 쉬운 일부터 실천하세요. 그렇게 해서 조금씩 성취감을 맛보세요. 당신이 얻은 작은 성공들이 모여서 당신의 의심을 지워줄 거예요.

자신의 손길로 치유하세요

15

'손길이 닿는다'는 말을 들으면 대부분의 사람은 다른 사람들이 나를 만져주는 동작을 떠올립니다. 포옹, 깊이 안김, 아니면 마사지 같은 동작이 대표적인데요. 이를 달리 해석하면, 가장 편리하고 이용하기 쉬운 '내가 나를 어루만지는 손길'을 많은 사람들이 잊고 있다는 뜻이에요.

좀 이상하게 들릴지도 모르겠네요. 하지만 직접 시도해 보지 않았다면 이를 무시하지 마세요. 어루만짐은 육체건강과 정신건강을 지켜주고, 살아가면서 매우 중요한 능력인 의사소통 능력, 상황 이해 능력, 유대감을 형성하는 능력을 높여주는 놀라운 효과를 나타낸다고 알려져 있죠.

자기 자신이나 다른 사람으로부터의 손길이 이런 효과를 발휘하는 이유는, 옥시토신 호르몬을 분비하기 때문입니다. 옥시토신은 침착한 상황판단 능력을 높이고 스트레스 호르몬인 코르티솔을 해독해 줍니다. 옥시토신이 배출되면 안전, 신뢰, 연결, 소속감을 더 많이 느낄 수 있습니다.

옥시토신은 '포옹 호르몬' 또는 '애정 호르몬'으로 불리는데, 엄마와 아이의 유대감 형성에 관여합니다. 연구에 따르면 옥시토신은 기분 좋은 느낌을 경험했을 때 체세포 감각이 활성화되는 과정에서 생성되는 호르몬이에요. 만지고 쓰다듬고 따뜻하게 해주는 동작이나 피부를 가볍게 눌러주는 압력(마사지)을 느끼면 이에 반응하여 분비된다고 해요.

게다가 애정 어린 어루만짐은 육체적 고통을 줄이고 치유 능력을 높일 뿐만 아니라 안도감을 가져다준대요. 신체 부위에 손길이 닿는 순간 스트레스 호르몬 감소, 멜라토닌 증가, 세로토닌(기분 좋아지는 호르몬) 증가 등 다양한 결과가 나타나는 거죠.

다음에 당신에게 속상한 일이 있을 때나 계속해서 간식을 먹고 싶은 충동을 느낄 때는 우선 애정을 가지고 당신 자신을 어루만져 주세요. 놀라운 치료 효과를 경험할 수 있을 거예요.

가장 쉽게 시도할 수 있는 동작은 가슴에 손을 얹는 거예요. 이 동작은 당신이 무언가에 도전해야 하는 상황이거나 당신을 힘들게 하는 사람이 있을 때 특히 위로가 됩니다. 어렵지 않아요. 자신의 감정을 깨닫는 순간 바로 손을 가슴 쪽에 올려놓으면 됩니다. 가슴으로 손의 움직임 그리고 그 움직임이 지닌 따스함을 느껴보세요. 그리고 손으로는 숨을 쉴 때마다 가볍게 팽창하고 수축하는 가슴의 움직임을 느껴보세요. 호흡을 조금 더 깊게 하면서 스트레스를 조금씩 내보내는 거죠.

한편으로는 안전, 인정, 사랑, 친절, 만족 같은 좋은 요소를 들이

마신다고 상상해 보세요. 당신의 호흡으로 편안함과 평화로움을 느껴보세요. 당신의 숨결을 통해 나쁜 것을 버려야 합니다. 자상한 자기애와 자기연민을 호흡하고 자기혐오나 자신의 능력을 제한하는 생각들을 내보내세요. 몇 분 동안 이 동작을 유지하세요. 스스로 몸이 유연해지고 마음의 긴장이 풀렸다고 느낄 때까지 계속하세요.

어루만지는 손길을 경험하는 것은 먹는 것과 마찬가지로 삶에 필수적입니다. 만약 당신이 하루에 세 끼를 먹는다면, 이와 똑같이 자신을 세 번 안아보거나 세 번 친절을 베푸세요. 아, 그리고 할 수 있을 때마다 다른 사람들을 껴안으세요(물론 허락부터 받고 나서요). 이건 다른 사람들한테도 좋아요. 당신이 사람들을 자주 어루만지면 어루만질수록 그들은 더 많은 사랑을 느끼게 됩니다.

당신도 얼마든지, 자신을 어루만져서 치유할 수 있습니다. 당신의 신체 부위 전체를 한 번씩 어루만져 보세요. 다양하게 시도하면서 당신의 손길이 가진 에너지가 주는 지속적인 편안함을 느껴보세요. 먹는 것에 의한 일시적인 안도감하고는 완전히 다를 거예요.

❶ 전통적인 요가 수련 과정 중에 '아비얀가(Abhyanga)'라는 이름의 아유르베다 수련이 있어요. 애정을 담아서 머리부터 발끝까지 자신을 마사지한다는 뜻이에요. 오일을 따뜻하게 데운 다음 손으로 온몸에 발라주는 건데, 특히 고급 참깨 또는 아몬드 오일은 스트레스를 많이 받은 몸과 마음의 균형을 찾는 데 효과가 좋대요. 아비얀가를 규칙적으로 수행하면 따뜻함과 안정감을 느끼면서 생활의 균형과 행복을 되찾을 수 있어요. 그래서 저는 샤워하기 직전에 아비얀가를 하는 시간이 정말 좋아요. 나 자신에게 주는 최고의 선물이랍니다.
아비얀가를 할 때는 기름을 따뜻하게 데워서 사용하세요. 몇 분 동안 온수를 틀어놓고 따뜻한 수증기로 욕실을 채우면 더욱 좋습니다. 마사지는 발과 다리에서 시작하여 몸통으로 이동합니다. 손, 손목, 팔, 그리고 어깨, 얼굴과 목도 어루만져 주세요. 이어서 심장 주변을 충분히 문지른 다음, 시계 방향으로 원을 그리면서 관절을 어루만지면 됩니다.

❷ 통증이 있는 부위에 손을 가져다 댑니다. 당신의 손길에서 나오는 치유의 힘이 몸에 닿을 수 있도록 하는 거죠. 신체 부위의 상태를 잘 살피고 가볍게, 또는 살짝 힘을 주어서 마사지합니다.

❸ 15초 동안 손으로 당신의 몸을 힘차게 문지릅니다. 눈을 감은 다음, 따뜻해진 당신의 손으로 눈을 덮어주세요. 얼굴 근육이 풀리면서 편안해졌다고 느낄 때까지 이 상태를 유지합니다.

❹ 당신의 손길에 최대한의 애정과 포용을 담아서 당신의 몸에게 전해주세요. 몸의 생김새가 어떻고 저떻고 라든지 지금 하는 동작이 이상한 게 아니냐는 식의 편견이 자신을 가로막더라도 그대로 흘려보내세요. 당신이 자신에게 직접 말해주세요. '나는 지금의 너를, 있는 그대로의 너를 사랑해. 내가 너의 친구가 되어줄게. 내가 너를 돌봐줄게.' 제가 예로 든 위로의 말이 아니어도 애정과 공감을 담은 말이라면 무엇이든 좋습니다.

http://www.LynnRossy.com/multimedia에 더 자세한 설명이 있으니까 참고하세요.

감정의 파도에 휩쓸리지 마세요

16

살아가는 동안 수많은 감정이 당신에게 휘몰아칠 때면, 관대함과 호기심으로 그 감정을 인식하고 지켜봐 주세요. 이것이 감정의 실체를 이해하는 비결입니다.

불교의 가르침에 따르면 감정에는 세 가지 특징이 있습니다. 첫째, 모든 감정이 처음 생겼다가 유지되지만 결국에는 사라집니다. 감정은 결코 영원하지 않아요. 당신은 쾌락이 영원할 수 없다는 사실을 알고 있기 때문에 지금 느끼는 쾌락을 소중하게 생각하잖아요. 마찬가지예요. 어떤 불쾌한 감정도 영원히 지속되지 않는다는 사실을 기억하세요. 불편한 순간이 생겨도 크게 걱정하지 마세요. 그 또한 지나갈 테니까.

둘째, 영원하지 않기 때문에, 당신의 모든 경험에 불편함 또는 불안함이 따라다니겠지요. 하지만 당신에게 주어진 인생의 시간을 박제할 수는 없어요. 시간은 마치 파도처럼 들어오고 나가기를 반복하거든요. 당신이 이 순간을 그대로 간직하겠다고 하거나 영원한 행복에 집착한다면 그건 당신에게 고통을 줄 뿐이에요. 감정은 영원하지 않기 때문에 당신은 결코 만족할 수 없을 거예요.

셋째, 모든 것이 영원하지 않다는 사실, 절대 만족이 없다는 사실을 깨달은 당신은 '내 것'에 대한 집착을 놓게 됩니다. 이타적인 마음을 배우는 단계예요. 어떤 것도 나만의 소유가 아니고 이 세상 전체의 소유입니다. 모든 존재의 것이지요. 상황은 끊임없이 변화하면서 당신의 인생을 바꿔놓고 당신의 소유라고 생각했던 것도 당신의 소유가 아니게 됩니다. 집착을 버리세요. 마음을 비우고 변화를 따라가세요.

당신에게 도움이 될 만한 충고를 하나 할게요. 당신이 영화를 보고 있다고 가정합시다. 그럼 당신이 영화 속 인물 중 어느 누구와도 관련이 없는 게 당연하게 느껴지잖아요. 바로 그거예요. 당신은 감정적인 연결고리를 느끼겠지만, 붙잡을 수는 없어요. 조금 거리를 두고 지켜보세요. 지금 당신 눈앞에 펼쳐지는 영화가 끝나면 당신이 느끼는 감정도 사라질 거예요.

자, 직접 시도해 보세요. 당신은 지금 영화를 보고 있으니, 당신이 느끼는 모든 감정을 바꾸려고 하거나 집착하거나 밀어내거나 회피하지 마세요. 감정이 왔다가 사라지도록 내버려 두세요. 지금의 즐거움을 마음껏 누리고, 불쾌한 일이 생겼을 때는 너무 걱정하지 마세요. 그리고 유쾌하지도 불쾌하지도 않은 순간에는 그 순간의 고요함을 소중하게 생각하세요.

또 다른 실천 방법도 있어요. 앨런 말랫(Alan Marlatt, 중독 행동 분야의 미국 최고 임상 심리학자–옮긴이) 박사가 개발한 '충동 서핑(Urge

Surfing)'입니다.

이 방법의 본래 목적은 중독 치료 과정에서 발생하는 재발을 막는 것이었죠. 술을 마시거나, 과식하거나, 폭식을 하고 싶은 충동이 마치 파도처럼 밀려오지만, 그리고 한껏 부풀어 오르겠지만 끝내는 해안에서 부서져 버립니다. 이 과정이 반복되는 모습을 스스로 관찰해 보세요. 영원함이란 없음을 이해하게 될 것입니다. 이는 자신의 신체감각과 생각, 감정을 있는 그대로 받아들이기 위해 필요한 과정입니다.

음식을 먹는 등의 행동은 일시적인 위안을 줄 뿐이에요. 제가 지금 알려준 방법들을 시도해 보면 어때요? 배고프지 않은데도 먹으려는 자신의 욕망(아마도 감정적 요인이나 환경적 요인이 당신에게 작용했겠지요)을 직접 확인하세요. 그리고 그 욕망을 심호흡과 함께 날려버려요. 자, 당신의 욕망은 얼마나 오랫동안 당신에게 머물러 있나요? 제 수업을 듣는 수강생들의 말로는 순식간에 사라져 버려서 나중에는 흔적도 없다고 하던데요.

물론 욕망이란 건 상황에 따라서 달라요. 보통은 20~30분이면 사라진다고 하지만, 당신이 욕망에 불을 지핀다면 그보다 더 오랫동안 남아있기도 합니다. 당신의 욕망을 키우는 건 당신 자신이에요. 욕망에 집착하거나 욕망을 거세게 억누르면 욕망은 더 커집니다. 다른 방법을 찾아야 합니다. 심호흡으로 당신의 욕망을 뱉어버리세요. 그리고 관심과 애정 어린 마음으로 자신을 받아들이세요.

특정한 충동을 자주 느끼는 사람들이 많이 있습니다. 이 책을 읽는 당신은 음식을 먹고 싶다는 충동을 자주 느끼지 않나요? 주변(직장, 휴게실, 사교모임, 아니면 우리 집 주방)에서 음식을 접할 때마다 아무렇지 않게 '먹고 싶다'고 생각하죠. 배가 고프지 않아도 눈에 보이는 음식이 먹고 싶어지는 거죠. 아니면 속상한 일이 있으니까 간단한 간식으로 당신의 감정을 달래려고 합니다. 이런 순간이 올 때 당신이 느끼는 충동을 머릿속에 그려봐요. 먹고 싶다는 감정은 거친 파도이고, 당신은 파도타기를 하고 있어요. 파도 위로 올라서려면 심호흡을 해야 해요. 심호흡이 서핑보드 역할을 하거든요. 숨을 깊게 들이쉬고 내쉬면 자신의 몸도 파도를 타고 오르락내리락하는 게 느껴집니다.

계속 숨을 쉬세요. 숨을 깊이 들이쉴수록 마음은 더 편안해져요. 그리고 마음이 편해지면 충동의 파도에 휩쓸릴 가능성은 그만큼 줄어듭니다.

충동의 파도를 가만히 느껴보세요. 파도의 꼭대기에서 방향을 바꿀 수 있겠어요? (당신이라면 못할 것도 없어요.) 자신을 격려하고 위로해 줄 수 있겠어요? (쉽지는 않겠지만 익숙해질 거예요.) 자, 당신이 자신에게 해준 격려와 위로의 말을 잘 기억하세요. 그리고 다음에도 지금처럼 자신에게 말해보세요. 충동을 잘 이겨낸 자신을 당신이 직접 축하해 주세요.

움직이면 좋아질 거예요

17

많은 사람이 자신의 목 아래부터 발끝까지의 신체 움직임에는 관심 없이 오직 두뇌 활동에만 집중한 상태로 걸어 다니고 있어요. 꼭대기에만 너무 많은 비중을 두는 이유는 대부분 어떤 감정에 집착하거나 부정적인 생각을 하거나 과거에 사로잡혀 있기 때문인데요. 이런다고 문제가 해결되거나 불쾌한 감정이 해소되지는 않아요. 이제부터는 목 아래부터 발끝까지의 움직임에 관심을 가져보세요. 나쁜 생각에서 벗어나는 데 도움이 될 거예요.

스트레스를 받았거나 화가 나거나 슬픈가요? 두려운 일이 있거나 외로운가요? 아니면 어느 방향으로 나아갈지 갈피를 잡을 수 없나요? 그렇다면 당신은 그때마다 자신의 머릿속을 복잡하게 만드는 감정에 얼마나 관심을 기울였나요? 그저 먹을 것을 찾으러 주방으로만 달려가지는 않았나요? 마음챙김을 위해 차분한 자세로 앉아서 자신의 생각과 기분을 돌아볼 수도 있지만, 당신은 몸을 움직이는 방법을 활용할 수도 있습니다. 운동을 하면 육체건강

뿐만 아니라 감정의 이완 효과까지 누릴 수 있습니다.

운동은 일종의 예방전략이기도 하고 당신의 기분이 가라앉았을 때 이를 극복하기 위한 처방전이 되어주기도 합니다. 날마다 운동을 하면, 그때 느끼는 쾌감을 기억했다가 기분전환이 필요할 때 상기할 수 있어서 좋습니다. 매트 위에서 요가를 하거나, 운동화를 신고 달리거나, 자전거를 타고 질주해도 좋고, 수영도 추천할 만합니다. 짧은 틈을 내서 산책을 해도 좋습니다. 운동으로 불안, 우울, 스트레스를 날려버리고 활력과 에너지를 되찾으세요. 운동은 약을 복용하거나 심리치료를 받는 것 못지않은 효과를 발휘하기도 하거든요. 몇 분 동안 운동만 해도 긍정적인 생각을 하게 되고 피곤과 불안감을 줄일 수 있다는 연구 결과도 있어요. 뿐만 아니라 운동을 하면 온몸의 에너지 흐름을 바꿀 수 있습니다. 감정은 그 자체로 에너지를 발산하는데, 그 에너지는 (좋은 것이든 나쁜 것이든) 몸 안에 쌓이거든요. 운동을 통해서 이 에너지를 밖으로 내보내는 원리예요.

고강도 운동을 하는 데 익숙하지 않더라도 괜찮습니다. 마라톤 선수가 되기 위한 정도의 훈련까지는 필요 없어요. 그냥 적당한 강도의 쉬운 동작을 몸에 익히면 됩니다. 예를 들어볼게요. 나중에 좋지 않은 감정에 휩싸였을 때, 몇 분 동안 심호흡하고 나서 자신의 몸 상태를 확인해 보세요. 습관이 되기 전까지는 어색하겠지만 당신의 몸과 소통하는 방법이니까 잘 따라 해 주세요. 당신의 몸이 '바닥에 누워서 전신 스트레칭을 하고 싶어' 할 수도 있어요. 팔을 머리 위로 쭉 펴면서, 이와 반대로 다리는 발끝까지 아래로 쭉 내려요. 의자에 앉아서 어깨를 앞뒤로 움직이는 동작도 좋고, 일어나서 팔을 앞뒤로 흔드는 동작도 추천할 만합니다.

당신 주변에 마음을 열어보세요. 새로운 시도만으로도 기분이 바뀝니다. 몸을 움직이면 동시에 마음도 움직이기 때문입니다.

이 연습에서는 자신에 대한 친절함과 긍정적인 호기심이 가장 중요합니다. 이 연습은 요가 동작을 많이 외우거나 무거운 중량을 드는 식의 근사한 겉치레가 아니고 당신이 자신의 몸을 잘 이해하게 도와주는 간단한 움직임입니다. 그동안은 몸이 보내는 메시지를 곧잘 무시했지만 이제부터는 그 메시지를 이해하고 받아들여야 합니다.

당신의 몸에서 편안함과 안정감을 느끼는 부위와 통증이나 고통을 느끼는 부위를 파악하세요. 이전보다 조금만 더 깊게 숨을 쉬면서, 몸이 원하는 방향으로 스트레칭을 시작하세요. 조급해하면 안 됩니다. 머리를 좌우로 움직여 목을 스트레칭하고, 어깨를 돌리고, 팔을 머리 위로 올리면서 스트레칭을 할 수도 있습니다. 움직이면서 끊임없이 당신의 몸을 관찰하세요. 심호흡을 통해서 당신의 몸이 들려주는 이야기를 들어주세요. 어떻게 해야 할지 잘 몰라도 괜찮습니다. 우선 집중하세요. 집중할수록 자신의 몸에 애정을 느끼게 되고 몸이 원하는 것을 알게 됩니다. 적극적인 태도로 스트레칭하세요. 선입견으로 자신의 몸을 판단하지 말고 자신과 교감하세요.

요가는 매우 효과적인 치유 활동입니다. 현장수업에 참여하기 어렵다면 http://www.lynnrossy.com/multimedia를 참조하십시오. 바닥, 스탠딩, 의자 버전의 동영상이 있습니다. 전 세계 사람들이 이 동작들을 연습하면서 고통을 줄이고 행복감을 높였습니다. 요가는 당신의 신체에 애정을 표현하는 올바른 방법입니다. 기억하세요, 당신에게는 딱 한 번, 바로 지금의 육체만이 전부입니다. 소중하게 다뤄주세요.

지루한 게 나쁜 건가요?

18

제가 마음챙김과 마음챙김 식사를 알려줄 때 사람들의 신기한 반응 중의 하나는 바로 '지루하다'라는 것입니다. 불행히도 사람들은 크고, 화려하고, 자극적이고, 때로는 압도적인 경험에만 흥미를 갖습니다. 음식이나 제품, 돈이나 활동, 시간, 또는 어떤 선택에서 우리는 '많을수록 좋다'는 생각을 가질 때가 많죠. 게다가 사람들은 계속해서 새로운 결과물을 요구하는 현대사회에서 살아갑니다. 더 많은 일을 하고, 프로젝트를 완성하고, 동료와 경쟁하고, 더 좋은 제품을 만들고, 할 일을 완벽하게 끝내야 합니다. 멈추면 안 됩니다. 그 누구도 쉬거나 반성해도 괜찮다고 말해주지 않습니다. 하지만 알다시피, 더 많은 것이 항상 더 나은 것은 아닙니다. 오히려 그 '더'는 결국 당신을 과도하게 자극하고, 과도하게 채우고, 지치게 만들 수도 있습니다.

자신의 몸과 주변환경을 통해 전해지는 섬세한 감각을 음미하기 위해 느긋한 태도를 취하는 것을 불편해한다고 한들, 이런 사회에서 누가 당신을 비난할 수 있을까요? '더' 긴급한 요구에 쫓기지 않을 때면 당신은 약간의 공허함을 느낄 것입니다. 그동안 몰랐던 생각과 감정들이 표면으로 떠오르기 시작하겠죠. 당신은 그 공허함을 외면합니다. 자신의 관심을 다른 데로 돌리려고 합니다. 그래서 당신은 공허함에게 '지루하다'라는 꼬리표를 붙입니다. 그리고 다른 사람들처럼 음식으로 손을 뻗습니다.

하지만 적어도 음식보다 균형 잡힌 방법으로 공허함(지루함)에서 벗어날 수 있습니다. 드라마에 집착할 필요도 없고, 도넛을 또 한 개 추가할 필요도 없습니다. 현재를 만끽하는 마음챙김을 실천하면 됩니다. 훈련을 통해서 당신의 감각을 유연하고 자유로운 상태로 만드세요. 끊임없이 유동적으로 움직이는 당신의 감각을 확인하세요. 1나노 초마다 변화를 경험하세요. (1나노 초는 1초를 10억 개로 쪼갠 단위입니다. 그 짧은 시간에도 정말 많은 일이 벌어진답니다.)

저도 마음챙김을 실천하려고 오랫동안 노력했습니다. 그 과정에서 전에는 몰랐던 소리, 시각, 냄새, 촉각, 그리고 경험을 만났고, 이런 새로운 발견이 저의 공허함을 달래주었습니다. 마음챙김은 삶의 매 순간을 놀라운 기적으로 만들어줍니다. 마음챙김을 통해서 지금 순간을 선명하게 볼 때 당신은 당신의 신체와 함께 살아간다는 경이로움을 깨닫게 됩니다. 숨결마다 생명의 축복을 만나게 됩니다. 특히 마음챙김 식사는 혼자 밥을 먹더라도 지루하지 않게 느껴지는, 맛있는 경험입니다.

하루를 전부 마음챙김에 바치지 않아도 좋습니다. 하지만 저는 당신이 매일매일 그저 혼란스럽지 않고, 지루함을 매혹적인 것으로 변화시키는 호기심으로 시간을 보내면 좋겠습니다. 당신의 지루함을 들여다보세요. 지루함은 결국 관심의 부족입니다. 당신의 몸이 긴장하고 있나요? 뭘 해야 할지 모르겠나요? 항상 무언가를 해야 한다고 강박관념을 느끼나요? 더 많은 것이 항상 더 낫다고만 생각하나요? 무언가 자꾸 당신을 부추기나요? 만약 그렇다면, 그것은 무엇일까요?

끊임없이 노력하거나 즐거움을 찾아내야 한다는 부담을 멈추고 그것이 정말 옳은지 생각해 봅시다. 당신의 노력이 긍정적 결과를 만들고 있나요? 오랫동안 끝없이 미디어의 영향에 노출되어 온 당신의 삶에는 지금 무엇이 부족한가요?

한가한 시간을 보내거나 음식을 먹을 때 마음챙김을 실천하세요. 조용하던 삶 속에서 어떤 일이 일어나고 있는지 더 깊이 들여다볼 수 있습니다. 더운 여름날 수박 한 조각의 달고 시원한 맛을 만끽하세요. 아침에 열린 창문을 통해 지저귀는 새들의 소리는 아름다운 선율의 교향곡으로 생각하세요. 갓 세탁한 침대 시트의 상쾌한 냄새를 맡으면서 편안함을 느끼세요. 자, 그리고 이제는 심호흡을 하고 생명의 소중함을 느껴보세요.

현대를 살아가는 사람들은 끊임없이 긴장합니다. 그 사실을 인지하기도 하고 인지하지 못하기도 하지요. 어쨌든 뭔가를 할 준비 때문에 가만히 의자에 앉아있지도 못하는 것 같아요. 이 긴장감에 적응하려면 우선 상황을 제대로 이해해야만 해요. 이해하면 긴장감으로부터 자유로워집니다. 저는 당신에게 단 몇 분이라도 여유를 누리라고 말하고 싶네요. 자리에 앉아서 주변환경 그리고 자신의 몸과 마음에 어떤 일이 일어나고 있는지 관심을 가져보세요. 눈은 감아도 좋고 뜨고 있어도 상관없어요. 그냥 앉아서 무슨 일이 일어나는지 알아보세요. 늘 먹던 간식 먹기, 해야 할 일 목록 확인하기, 친구에게 전화 걸기, SNS 구경하기, 머릿속의 엉뚱한 생각에 넋을 놓기, 현실도피 등으로 당신을 자꾸 몰아가는 미묘한 에너지를 알아차리세요. 그러면 당신은 긴장을 푸는 방법을 찾아낼 수 있습니다.

앉아서 심호흡하고, 보고, 듣고, 긴장을 푸는 과정을 반복하세요. 그리고 집중하세요. 긴장감이 커졌는지 줄어들었는지, 마음이 편해졌는지 그렇지 않은지. 한두 번에 그치지 말고 꾸준히 시도해 보세요. 처음과는 다르게 점점 흥분이나 자극이 필요 없어져요. 참 신기한 변화예요.

몸이 하는 말을 들으세요

19

당신은 '자신의 몸이 규칙적으로 들려주는 이야기'에 관심이 있나요? 당신의 전반적인 건강과 안녕을 챙기는 것은 중요합니다. 당신의 마음이 하는 이야기는 듣기 쉽습니다. 하지만 당신의 몸은 더 조용한 방식으로 메시지를 보내기 때문에 잘 안 들렸을 수도 있어요. 몸의 언어에 주의를 기울이고 자신의 몸과 소통하세요. 예를 들어서 설명할게요. 당신의 몸은 호흡과 심박수의 변화, 가슴 윗부분, 머리와 얼굴, 팔다리와 소화계통과 목구멍, 혹은 몸 전체의 감각들을 활용해서 불안, 스트레스, 슬픔, 그리고 다른 감정들을 받아들이고 전달합니다. 이는 골격근, 신경내분비계, 자율신경계의 변화를 반영합니다. 과학적인 접근은 이해하기 어려울 수도 있겠지만, 어쨌든 눈에 띄지 않는 많은 움직임이 당신의 몸에서 벌어지고 있다고요.

몸이 보내는 신호는 당신이 몸을 위해 무엇을 해야 하는지 알려줍니다. 얼마나 많은 수면이 필요한지, 언제 컴퓨터에서 멀어져야 하는지, 얼마나 많이 TV를 볼지, 주변에 어떤 사람을 둘 것인지, 얼마나 많은 뉴스를 들을지, 어떤 종류의 음악을 들을지, 어떤 종류의 일을 할 것인지, 어떤 종류의 음식을 먹고 마셔야 할지, 얼마나 움직여야 할지, 얼마나 많은 숨결이 필요한지, 그리고 이 밖에도 많은 것들을 말해줍니다.

당신이 느끼는 아픔·고통과 이완·편안함, 무기력함과 활력, 초조함과 여유로움, 충만함과 공허함, 흥분과 침착함이 모두 당신의 몸이 보내는 메시지랍니다. 몸이 긴장하고 피곤을 느낀다면, 어떤 종류의 불안함이 있다면, 어떤 선택을 할지 몸이 보내는 메시지를 듣고 결정하세요. 반면 몸이 편안하고 마음이 열려 있다고 느낀다면 자신의 몸에 필요한 것을 충족하고 있다는 의미입니다.

불행히도 아프거나 (신체적 또는 감정적) 고통을 느낄 때 당신은 오히려 더 많은 혼란을 일으키는 방식으로 반응하곤 합니다. 피곤할 때 카페인을 너무 많이 마시고, 스트레스를 받거나 슬플 때 음식을 너무 많이 먹고, 화가 났을 때 약을 너무 많이 먹거나 술을 너무 많이 마시고, 느끼고 싶지 않은 것에서 도망치기 위해 과로하고 더 바쁘게 행동하는 것은 당신이 몸의 이야기를 외면하고 있다는 증거입니다. 자신을 속이고 외면하면서 잘못된 방식으로 자신을 치료할 수 있다고 믿습니다. 하지만 이런 시도는 오히려 당신에게 더 많은 고통을 줄 뿐입니다. 몸이 보내는 신호를 배려하지 않은 행동이니까요.

몸이 불편하다는 신호를 보낼 때 당신의 몸에 더 많은 관심을 기울인다면 처음에는 더 힘들지도 모르지만 이렇게 해야 정말로 기분이 좋아지는 방법을 찾을 수 있습니다. 할 일을 잠시 멈추고 숨을 쉬어보세요. '내 몸이 내게 말하려는 게 무엇일까?' '내가 알아야 할 것이 무엇일까?' 잠시 귀를 기울여 보세요. 휴식을 취하라거나 운동을 하라는 등의 간단한 답일 수도 있고, 당신이 처리하지 못한 인간관계나 업무 상황처럼 좀 복잡한 답일 수도 있습니다.

다시 마음챙김 식사 얘기를 해볼게요. 당신의 몸은 당신의 식사 방식에 대해 뭐라고 말하나요? 당연히 당신의 몸은 힘을 내고, 정신을 차리고, 강해지고 싶어 할 것입니다. 그래서 음식을 요구합니다.

당신의 몸은 몸이 원하는 것을 먹고, 원하지 않는 것(피곤하고 무기력하고 약하게 만드는 음식)을 먹지 말라고 요청합니다. 당신의 몸은 미각와 후각, 그리고 다른 감각기관에 즐거움을 주는 음식도 좋아합니다. 당신의 몸을 정말로 아끼고 사랑하고 싶다면 음식을 먹기 전에 당신의 몸에 어떤 느낌과 맛이 좋을지 확인하세요. 밥을 먹고 나서도 자신의 몸 상태를 확인합시다. 당신이 언제, 무엇을, 얼마나, 그리고 왜 먹어야 하는지를 당신의 몸이 알려줄 수 있게 규칙적으로 반복하세요. 당신의 신체언어를 배우고, 그 메시지에 친절과 연민으로 반응하세요. 당신을 위로해 주고 당신을 더 성장하게 만들 테니까요.

당신의 몸이 하는 말을 들으세요. 신체의 건강과 정서적 회복을 위해서요. 몇 가지 기본적인 원칙을 소개할게요.

❶ 당신의 몸에 집중하는 시간을 가지세요. 적극적으로 자신의 몸에 반응하세요. 당신의 몸은 항상 메시지를 보냅니다. 귀 기울여 들어주세요. 매일 규칙적으로 휴식시간을 갖고 머리부터 발끝까지 당신의 몸을 살피세요. 앞에서도 지적했지만 사람들은 머릿속의 생각에만 집중하는 경향이 있습니다. 사실은 목 아래 있는 다른 기관이 중요한 말을 더 많이 하고 있어요.

❷ 당신의 몸이 한 말을 믿으세요. 당신의 마음은 사실이 아닌 이야기를 할 수 있지만, 당신의 몸은 거짓말을 하지 않습니다. 당신의 몸은 편견 없이 정보를 전달하기 때문에 정확해요. 몸의 감각과 몸이 보내는 메시지는 직접적인 피드백 루프(결과를 자동적으로 재투입시키는 순환회로)로 연결되어 있거든요.

❸ 몸이 원하는 것을 채워주는 기쁨을 경험하세요. 몸을 거스르지 마세요. 훈련하세요. 몸, 마음, 그리고 사고가 서로 좋은 파트너가 되는 최고의 즐거움을 발견하게 될 것입니다. 몸을 사랑하는 방식으로 먹고, 움직이고, 살면 당신의 몸도 에너지와 즐거움과 여유를 가지고 반응한답니다.

자신에게 최고의 친구가 되어주세요

20

당신은 평생 오직 한 사람, 당신 자신과 함께 살아가야 합니다. 그다지 중요하지 않은 것 같은 이 진실은 사실 매우 중요해요. 그럼에도 불구하고 사람들은 이 사실을 곧잘 잊어버리죠. 그리고 인생에서 가장 중요한 자신과의 관계에서 가장 큰 갈등과 어긋남을 경험합니다.

당신의 몸을 진심으로 아껴주세요. 당신이 자신을 대하는 방식으로 다른 친구들을 대했다면 친구가 남아있지 않을 거예요. 당신은 친구들의 감정을 무시하나요? 친구들을 실망시켰나요? 친구들에게 그들이 못생겼고 멍청하다고 말하나요? 친구들에게 속이 더부룩하거나 속이 메스꺼워지는 음식을 먹이나요? 배가 고프지 않을 때 음식을 주나요? 술을 너무 많이 마시게 하나요? 당연히 아니잖아요. 그렇다면 도대체 왜 스스로를 그런 식으로 대접하나요?

당신이 친구들을 어떻게 대하는지 생각해 봐요. 무엇보다도, 당신은 곧잘 그들과 함께 커피, 식사, 산책, 혹은 함께 한잔하며 시간을 보내려고 노력합니다. 만나면 "어떻게 지내?" 그리고 "무슨 일 있었어?" 하며 안부부터 물어봅니다. 기본적으로 당신은 무엇이 그들을 기쁘게 하는지 알려고 노력합니다. 당신은 진심으로 그들의 삶, 그들의 행복, 그들에게 당신이 줄 수 있는 도움에 관심을 가집니다. 당신은 그들을 아낌없이 칭찬하고 격려합니다.

하지만 당신은 자신에게 그런 일을 하기 위해 얼마만큼의 시간을 들였나요? 자신을 관찰하면서 무엇이 당신을 노래하게 하는지 혹은 울게 하는지 찾아본 적이 있나요? 힘든 일이 있으면 자신을 격려하고 성공하면 기뻐하나요? 만약 당신이 규칙적으로 이렇게 한다고 대답하지 못한다면 저는 당신에게 제안합니다. 자신과 더 나은 관계를 유지하기 위해서 상담을 받으세요. 아니면 적어도, 지금까지와는 완전히 다른 관계를 만들어야만 합니다.

예전에 나는 자신을 위해서 아무 노력도 하지 않았어요. 그래서 자책하고 있었는데 한번은 나의 자책을 엿본 남편이 '친한 친구에게 그런 식으로 행동하지 말라'고 충고하더군요. 깜짝 놀랐어요. 남편의 말은 정말 달콤했습니다. 그동안의 제 행동을 되돌아보는 계기가 되었죠. 나는 왜 나의 가장 친한 친구가 아니었을까요? 나는 이렇게 자신에 대한 부정적인 신념을 확인하며 몇 년이라는 시간을 낭비했지만, 다행히 되돌릴 기회가 있었습니다.

"지금이 당신의 모든 생각이 거룩하다는 것을 알 때다."

14세기 시인 하피즈(Hafiz, 페르시아 4대 문학가로 꼽히는 페르시아 최고 서정시인-옮긴이)는 이런 근사한 시를 남겼어요. 당신의 모든 생각이 당신의 몸, 마음, 영혼에 영향을 준다는 뜻이죠. 정말 중요한 문제예요. 당신이 잠시라도 이 진리의 의미를 생각하면서 이제는 자신과의 싸움을 멈추고 당신 자신에게 사랑을 표현하겠다는 다짐을 했으면 좋겠어요.

같은 맥락에서, 루이즈 헤이(Louise Hay)는 이렇게 말했죠.

> "기억하라, 당신은 몇 년 동안 자신을 비판해 왔지만 그것은 효과가 없었다. 자신을 인정하고 그 결과를 지켜보라."

어때요, 아직도 이해가 잘 안 되나요? 그럼 어째서 당신은 자신을 존중하지 않는지 그 이유를 따져봅시다.

자신을 그토록 가혹하게 대하는 건 (가족, 친구, 또래 등) 다른 사람들이 부여한 과거의 조건, 아니면 당신이 자신에게 관심을 기울일 틈을 주지 않고 흘러가는 사회 때문입니다. 이런 식의 자기부정이 당신의 삶에 끼친 영향을 생각해 보세요. 저에게서 모든 기쁨을 앗아 간 이 녀석을 견디다 못해 저는 어느 순간, "그만큼 했으면 됐잖아!"라고 외쳤답니다. 당신은 어때요? 자신과 휴전할 준비를 마쳤나요? 당신의 음식과 당신의 몸을 화해시킬 각오가 되어 있나요? 자신의 부정적인 생각을 향해 "이제 그만!"이라고 외칠 수 있나요? 제발, 그랬으면 좋겠군요.

자리에 앉아서 자신에게 편지를 써보세요. 자신에게 강요한 과거의 판단, 잔인함, 해악에 대한 후회를 표현하고, 앞으로 맺을 자신과의 관계를 함께 계획하세요. 제가 쓴 편지를 들려줄게요. 저한테는 많은 도움이 되었어요. 아직 제 말을 완전히 믿지 않더라도 한번 시도해 보세요.

친애하는 린,

내가 너를 얼마나 당연하게 여기고, 너를 이용하고, 너를 무시했는지 믿을 수 없을 정도야. 그런데도 너는 매일 내 옆에 있었어. 내 생각과 말, 행동에도 날 떠나지 않고 네가 보여준 끈기와 힘, 회복력에 내가 얼마나 감사하고 있는지 알아주었으면 해.

내가 너에게 했던 모든 끔찍한 말들과 너를 충분히 존중하지 못했던 나의 모든 방식, 정말 미안하다. 그런 것들이 너한테 얼마나 충격적이었는지 미처 몰랐어. 하지만 난 이제 달라질 준비를 마쳤어. 너와 화해하고 우리의 이야기를 투쟁이 아닌 우정으로 만들고 싶어. 나는 이제 네가 나의 가장 친한 친구라는 걸 깨달았어. 네가 없다면 나도 없었겠지.

너의 소중함을 항상 기억할게. 너를 소중하게 대하지 않았던 과거의 내 태도를 바꿀게. 너를 무기력하고, 아프고, 더부룩하게 만들었던 나의 식사 방법도 너를 위해서 바꿀게. 처음부터 다 잘하진 못할 거야. 하지만 내가 너에게 새로운 친절과 연민을 보이겠다고 맹세하는 만큼 나를 참아주길 바란다. 나는 최선을 다해서 너에게 올바른 음식, 수면, 움직임, 놀이를 줄게. 네가 사랑받고 있다는 것을 알아줘.

깊은 정성과 사랑으로, 린

참고 : 습관은 고치기 어려워요. 무의식적으로 계속 자신을 비난할 수도 있어요. 그 험담에 맞장구치지 말고 바꾸려고 노력하세요. 이 책이 당신을 도와줄 거예요. 더 자세한 내용은 이 책의 뒷부분에서 다루고 있습니다.

3 Step

자신을 가두는 생각에서 벗어나세요

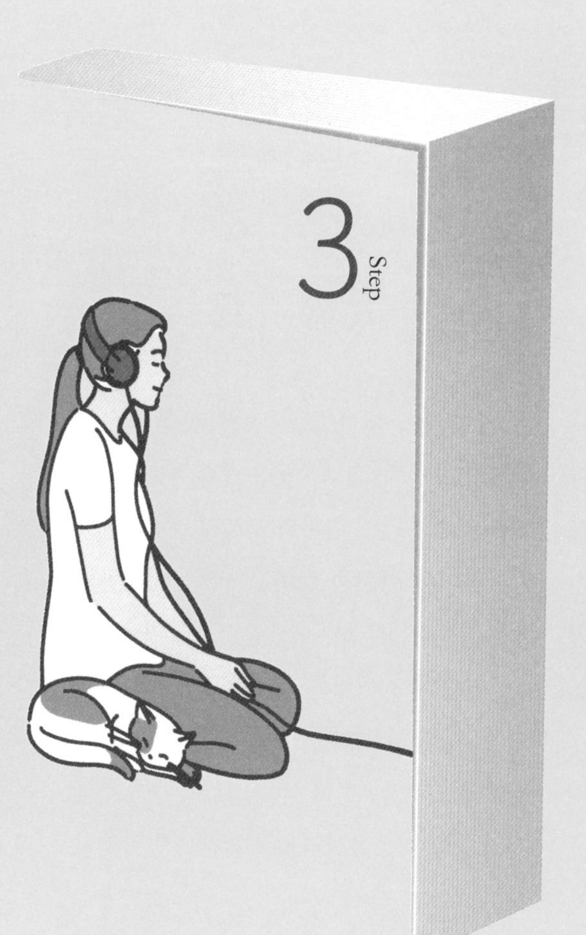

"그대가 하는 생각만큼 그대에게 해가 되는 존재는 없다."

—석가모니

사람들은 1분에 35~48개(또는 하루에 5만~7만 개) 정도의 생각을 한다고 합니다. 그런데 그 대부분은 부정적이고 반복적이고 거짓이라고 하죠. 이런 생각이 갑자기 떠올라 머릿속에 머물다가 사라지기를 반복합니다. 때로는 잘못된 방식으로 받아들여져서 감정적인 혼란을 일으키기도 하지요. 그게 바로 마음챙김을 실천하지 못했다는 증거입니다. 머릿속 생각에 반응하는 올바른 방법을 알지 못하면 그 생각에 지배당할 수 있습니다. 마음챙김은 자신의 생각에 끌려다니지 않으면서 생각할 수 있는 방법을 알려줍니다. 당신은 생각의 패턴과 움직임을 관찰하고 변화시킬 수 있습니다.

안타깝게도 많은 사람들이 자신의 사고방식을 인식하는 방법을 배우지 못했습니다. 그것을 바꾸기 위해 할 수 있는 것도 없었지요. 음, 걱정하지 마세요. 이 장에서 나는 여러분에게 제 수업을 들은 수강생들이 음식, 신체, 그리고 자신과의 관계를 고민하면서 해준 말들을 전해줄 거예요. 그들이 그랬듯이 당신도 당신에게 맞는 다양한 대안을 찾아서 실천하면 됩니다.

부정적인 생각에 끌려가지도 말고, 싸우지도 말고, 그 생각들과 친해지세요. 이런 개념을 이해하는 것은 쉽지 않을 거예요. 그러나 자신을 지지하는 태도를 키우고 평생 당신의 머릿속을 채웠던 부정적인 사고방식에서 벗어나려면 꼭 필요한 과정입니다. 당신이 오랫동안 키워왔던 근심, 미래에 대한 부담, 후회 같은 감정에 이제는 중립적인 태도를 취하세요. 반응하지 않으면 이런 감정들은 힘을 얻지 못해요. 한 번에 사라지진 않아도 점점 약해질 것입니다. 장작을 계속 넣어주지 않으면 불씨가 결국 사그라지는 것과 똑같은 원리예요. 반응하지 마세요. 완전히 사라지도록 내버려 두세요.

있는 그대로 받아들이면 바뀔 수 있어요

21

"이대로는 나 자신을 사랑할 수 없어. 난 ________게 바뀌어야 해!"

빈 칸에 들어갈 말은 뭘까요?

네, '더 적은 몸무게', '더 작은 옷 사이즈', '주름 없애기' 등의 말이 들어갈 수 있겠죠. 제가 20년 전에 했던 것들입니다. 이런 식으로 자신을 가둬두는 말들, 어디서나 쉽게 들을 수 있습니다. 소셜미디어, 광고, 영화, 텔레비전, 다이어트 기업, 그리고 가끔은 친구들과 가족이 의도적으로 또는 아무 생각 없이 하는 말들이니까요.

'사랑받고 싶다면 변신하라!'

그렇습니다, 기업은 당신의 변화를 부추겨서 돈을 법니다. 당신이 자신을 가치 없다고 느끼게 만들고 그들의 상품을 구매하게 하는 거죠. 할리우드를 예로 들면, 그곳에서는 달성 불가능하고 부자연스러운 (보정작업과 수술로 변형된) 이미지를 매력적으로 보이게 함으로써 당신이 그들을 영웅으로 여기고 그들처럼 되고 싶게 만드는 전략을 사용한답니다. 당신의 친구나 가족이라면 좀 더 순수하게 당신을 위하려는 목적이 크겠지만, 어쨌거나 잘못된 애정표현과 쓸데없는 도움으로 끝나는 경우가 많죠.

에밀리는 다섯 살 때 (가장 좋아하는 간식이었던) 빵과 버터를 먹으려고 주방에 있다가 아버지한테서 이런 말을 들었다는군요.

"그만 먹어. 자꾸 먹어서 살이 찌면 어떤 남자도 너랑 결혼하지 않을 거야!"

자신에게 만족하기 위해서는 지금과 달라져야 한다는 메시지는 당신에게 도움이 되기는커녕 오히려 상처를 줄 수 있습니다. 신체 이미지에 대한 불만이 육체건강과 정신건강에 부정적인 영향을 준다는 명백한 증거를 어디서나 쉽게 찾아볼 수 있어요. 이 문제를 해결하는 것이 공공보건의 주된 관심사가 되었을 정도입니다. 반대로 긍정적인 신체 이미지를 가진 사람은 자신의 외모가 어떻든 있는 그대로를 존중하고 바라봅니다. 자신의 육체를 아끼는 마음에서 건강에 신경 쓰며, 미디어가 찬양하는 비현실적인 외모를 거부합니다. 자신의 신체 이미지를 바르게 받아들이면 폭식이나 여러 가지 식습관 문제를 겪을 가능성도 줄어들죠.

그렇다면 당연히, 자신에 대한 부정적 인식의 실질적인 해결책은 바로 자신의 몸을 포함한 모든 것을 받아들이고 사랑하는 것이 아닐까요? 이러한 자기수용과 사랑의 전략이 자신을 잘 챙기는 비결입니다.

"하지만 잠깐만요."

제 얘기를 듣던 알렉스가(그리고 제 수업에 참여한 다른 많은 사람들이) 물었습니다.

"지금의 저를 받아들인다면, 그것은 내가 자신에게 안주한다는 것을 의미하지 않을까요? 만약 그렇다면, 식습관을 바꾸거나 훈련을 실천할 이유도 없는 거 아닌가요?"

알렉스는 2007년 저의 첫 마음챙김 수업을 수강한 학생입니다. 그는(그리고 여러 해 동안 만난 다른 많은 사람들은) 자신을 받아들이고 사랑할 수 있지만 한편으로는 자신을 바꾸고 싶은 마음 때문에 혼란스러운 듯했습니다. 그렇다면 '자신을 받아들인다'는 말의 의미가 무엇일까 생각해 보세요. 자기수용은 변화를 포기하는 것이 아닙니다. 바꾸고 싶은 것을 바꾸면서 자신을 아끼고 존중하는 것입니다.

심리학적인 관점에서 보아도 자신을 부정하는 감정은 진정한 변화를 위한 모든 시도를 방해합니다. 당신이 자신을 적으로 생각하면, 적을 바꾸려는 당신의 노력은 효과를 발휘하지 못하겠죠. 하지만 당신이 자신의 친구가 된다면, 자신을 잘 대접할 방법을 찾으려 할 것입니다. 자신에게 친절을 베풀고 자신을 배려하세요. 그럴수록 변화의 가능성이 커진답니다.

나 자신과의 관계는 내가 살면서 마주하는 모든 것에 영향을 끼칩니다. 자신을 사랑, 존경, 연민으로 대하는 사람은 자기 자신과 친구가 되어 원하는 것을 이루어갑니다. 자신에게 비판이나 반감, 경멸이나 무관심을 느끼는 사람은 자꾸 스스로 멈추고 자기패배적인 행동을 합니다.

이것이 수용과 변화의 역설입니다. 자신을 사랑하고, 결점을 비롯한 모든 것을 받아들입니다. 심지어 과식하거나 감정에 의해 음식에 의존하는 성향까지도 받아들입니다. 이렇게 스스로를 사랑할 수 있으면 이미 성공한 것입니다. 당신은 꼭 달라져야 할 필요가 없어요. 하지만 당신이 먹는 방식의 변화가 당신을 더 행복하고, 건강하고, 더 만족스럽게 만든다면 달라질 거예요. 당신은 자신을 사랑하니까요. 스스로를 사랑함으로써 부정적인 일에는 에너지를 아끼고 긍정적인 변화에 더 많은 에너지를 투자할 것입니다. 새로운 요리법을 시도하고, 요리 수업을 듣거나, 춤을 추는 법을 배우거나, 새로운 취미를 즐기면 어떨까요? 그 변화의 가능성은 끝이 없겠죠.

현재에 집중하는 연습

'지금의 나는 괜찮지 않아.'

이렇게 생각해 왔다면 이제는 달라지세요.

'좋아, 이대로도.'

이렇게 되풀이하는 단어나 문장, 즉 만트라(Mantra, 영감을 불어넣는 단어나 구절의 반복-옮긴이)는 정통 요가에서 명상을 하는 데 활용되고, 우리의 몸과 마음, 머리를 가득 채우며 영감을 불어넣어 줍니다. 마치 봄에 씨앗을 심고 식물이 자라기를 기다리며 아름다운 꽃이 피기를 기다리는 것과 같습니다. 당신의 만트라를 심고 키우면서 아름다운 사랑의 표현으로 성장하게끔 지켜봐 주세요.

자신을 위해 어떤 말이 필요할지 몇 분 동안 생각해 보세요. 예를 들어 "나 자신을 있는 그대로 받아들이자." "나는 나의 가장 좋은 친구야." "나는 언제나 내 편이야." 등등이 있겠죠. 하루 종일 이 만트라를 생각하세요. 달라져야만 한다는 조급함에 사로잡힌 자신에게 들려주세요. 부드럽게 반복하면서 손을 가슴에 대고 마음의 떨림을 느껴보세요. 당장 변화가 나타나지 않아도 차츰 달라질 거예요. 음식에 대한 태도부터 바꾸면 어떨까요? 자신에게 멋진 선물이 될 거예요.

음식을 원하는 마음을 이해해 주세요

22

사람들에게 과식의 이유를 물어보면 가장 흔한 대답이 이거예요.

"너무 맛있어요. 멈출 수가 없어요."

그러니 누가 그들을 비난할 수 있습니까, 안 그래요?

복숭아 코블러(Peach Cobbler, 복숭아를 파이 반죽에 넣고 구운 달콤한 디저트-옮긴이) 한 접시를 맛있게 먹고 나서 계속 먹고 싶을 수 있어요. 복숭아 한 조각이라도 접시에 남겨놓고 싶지 않겠죠. (혹은 그 위에 있는 아이스크림!) 당신의 혀가 신나게 춤을 추면서 노래하네요.

"음음~."

당신의 혀도 당신의 마음과 한편이니까요.

그런데 이게 문제예요. 마음은 멈출 줄 모르거든요.

이 마음을 저는 '욕망'이라고 부릅니다. 욕망은 삶을 지배합니다. 욕망은 즐거움을 가장 중요하게 생각합니다. 그다음 중요한 것은 고통을 피하는 일이고요. 물론 살면서 불쾌한 것보다 즐거운 것을 더 많이 원한다는 건 아주 자연스러운 현상이죠. 매일, 가끔은 상당히 무의식적으로, 당신은 이 원칙에 따라 많은 결정을 합니다. 이 원칙은 당신이 얼마나 많이 먹는지, 어떻게 옷을 입는지, 어디에 사는지, 누구와 함께 있는지, 어떻게 시간을 보내는지, 어떻게 돈을 쓰는지 등에 영향을 줄 수 있습니다. 하지만 즐거움을 찾고 고통을 피하는 이러한 끊임없는 반복은 분명히 문제를 일으킵니다. 당신은 복숭아 코블러에서 헤어나지 못하고 집착하게 될 수도 있습니다.

그러니까 이쯤에서 다시 생각해 봐야 합니다. 음식을 먹을 때 중요한 것은 입맛과 위장 상태 모두를 충족하는 것입니다. 자신의 취향을 충분히 고려하세요. 그리고 위장에서 "이 정도면 됐어."라고 말하는 순간을 확인하세요. 여기서 잠깐! '충분한 상태'란 당신이 한 접시를 다 먹지 않아도 가능해요. 위장을 존중하기 위해 음식을 먹지 않고 남기는 것을 배우세요. 그리고 다음에는 준비하는 음식의 양을 더 줄여보세요. 마음챙김 식사의 중요한 기술 중 하나입니다. 사실 과식하지 않아도 충분히 만족할 수 있어요. 맛있는 음식을 먹다가 이 사실을 잊어버릴 뿐이지요.

음식을 조절한다는 것이 불가능한 일처럼 들리나요? 그래도 당황하지 마세요. 음식이 사라지기 전에 멈추고 싶다면, '언제든 맛있는 음식을 먹을 수 있다'는 것을 기억하면 됩니다. 한 번에 다 먹을 필요가 없거든요. 마음챙김 식사에서는 세 가지 원칙을 제시합니다.

❶ 음식의 종류는 가리지 않는다.

❷ 적당한 양은 자신이 결정한다.

❸ 자신의 먹는 습관과 음식에 대한 욕망을 이해하고 존중한다.

무엇보다도 자신이 원하는 음식을 부정하지 마세요. 거절하면 욕망이 생겨나고, 결국 욕망에 굴복하고 말면 과식하게 됩니다. 어떤 음식이 '금지'되었다고 생각하면 그것을 먹을 때 수치심과 죄책감을 느끼게 되고, 오히려 많이 먹게 됩니다. 이제 그 음식을 다시는 안 먹을 거니까요.

'적당한 양'은 위장이 편안함을 유지할 정도입니다. 숨 쉴 공간을 어느 정도 남겨두고(위장의 80%가 최대치) 먹는다고 생각합시다. 이 정도가 몸을 편안하게 합니다. 물론 욕망이란 녀석은 눈앞의 음식을 보면 멈출 줄 모릅니다. 따라서 우리는 그 순간, 음식의 맛을 느껴서 얻게 되는 즉각적인 기쁨보다 더욱 중요한 것, 즉 장기적인 만족에 관심을 가져야 합니다. 과식하지 않으면 소화불량과 피로감 없이 오랫동안 음식에 대한 만족을 유지할 수 있죠.

자신의 먹는 습관과 음식에 대한 욕망을 이해하고 최대한 존중하세요. 그러면 맛있는 음식을 배가 터질 때까지 멈추지 못하게 만드는 시간과 장소, 상황을 알 수 있을 거예요. 아이스크림을 큰 통으로 사다 놓으면 언젠가 폭발해서 허겁지겁 먹어버리게 되나요? 그렇다면 차라리 먹고 싶을 때 매장을 방문해서 컵이나 콘으로 된 아이스크림을 즐기세요. 당신이 원할 때면 언제든지 다시 와서 아이스크림을 먹을 수 있다는 사실을 잊지 마세요.

너무 맛있어서 과식하게 되는 음식이 무엇인가요? 자, 이제 그 음식을 제대로 먹어보는 실험을 하겠습니다. 먹기 전에 당신의 몸에게 얼마만큼이 '충분한지' 물어보세요. (당신의 마음이 아닌) 당신의 배가 원하는 양을 접시에 담으세요. 물론 당신의 마음은 위장과는 다른 의견을 가질 수 있죠. 이해하세요. (십중팔구 더 많이 먹고 싶을 거예요.) 음식을 먹을 때는 다른 일에 방해받지 말고 오직 음식에만 집중하세요. 아무것도 하지 말고 먹어요. 음식이 당신에게 주는 즐거움을 마음껏 누리세요. 천천히 먹읍시다. 한입 한입 꼭꼭 씹어서. 한입 먹을 때마다 심호흡을 하면서 자신이 어떤 기분인지 확인하세요. 그리고! 마음이 아닌 배(위장)가 꽉 찼을 때 멈추도록 하세요.

이 훈련을 하면 음식의 맛을 더 잘 느낄 수 있고, 맛이 정말 좋은 음식이라도 더 먹는 것을 멈출 수 있습니다. 생각한 만큼 그 음식을 자기가 그리 좋아하지 않는다는 사실을 발견하기도 합니다! 그리고 만약 당신이 배가 불러올 정도로 먹기를 결심하고 음식을 선택한다면, 그것도 괜찮아요. 원한다면 멈출 수 있으니까 그렇게 하면 됩니다. 죄책감을 느끼지 마세요. 마음껏 즐기고 음미하세요!!

음식은 단지 음식일 뿐이에요

23

마음챙김 수업을 하는 동안 좋은 음식과 나쁜 음식을 나누는 수강생들을 많이 봤어요. 흔한 사고방식 중 하나죠. 다이어트 문화와 최신 유행을 조장하는 식품산업이 음식을 '좋은' 또는 '나쁜' 범주에 넣는 사고를 강요했습니다. 지방은 '나쁜' 것이기 때문에 사람들은 몇 년 동안 저지방 식품만 고집했습니다. 그런데 이제는 지방이 '좋은' 것이라고 말하는 키토 식단이 유행하고 있습니다. 식료품가게, 독서클럽, 체육관, 엄마들 모임에서 끊임없이 변화하는 식단 공식을 쉽게 보고 들을 수 있어요. 다음은 무엇일까요? 당신은 '자기 자신'조차 어떤 음식을 먹고 먹지 않았는지에 따라 '좋은' 혹은 '나쁜'의 범주에 넣어 평가하죠.

조앤의 경우를 한번 볼까요? 조앤은 온종일 회의를 하면서 열심히 일하다가 도중에 잠깐 쉬고 싶어졌습니다. 조앤은 '나를 살아가게 하는 식사(Eat for Life)'라는 제 수업을 듣고 있었고, 자신이 정말로 필요로 하는 것이 무엇인지 알아보기 위해 스스로 확인하는 방법을 배웠습니다.

'내가 정말 원하는 게 뭐지?'

좀 걷거나, 물을 마시거나, 요가 동작을 몇 가지 취하고 싶다는 결론을 얻었을 수도 있습니다. 하지만 자신에게 솔직해지는 시간을 가진 다음에 그녀가 얻은 답은 초코칩쿠키였습니다. 그녀는 그동안의 경험을 통해 이럴 때는 음식이 해결책임을 잘 알고 있었습니다. 그래서 자신에게 다시 한번 물었죠.

'정말로 뭐가 필요한데?'

그래도 오직 하나의 구체적인 대답만이 돌아왔습니다. 초코칩쿠키……. 조앤이 원한 건 이웃 제과점에서 만든 멋진 쿠키였습니다.

'그래, 난 내 생각대로 행동할 거야.'

조앤은 쿠키의 멋진 냄새와 맛 그리고 경험을 기대하며 제과점으로 걸어갔습니다. 자, 그럼 이 이야기는 초코칩쿠키와 함께 멋지게 끝났을까요? 또 다른 목소리가 조앤을 꾸짖지 않았다면 그랬겠죠.

"대체 무슨 생각이에요!? 당신은 초코칩쿠키를 먹으면 안 돼요! 쿠키는 건강에 나쁘잖아요!"

이 목소리는 동료, 친구, 상사의 것이 아니라 그녀 자신의 목소리였고, 조앤은 이 사실을 깨달은 즉시 절망감을 느꼈습니다. '하지만 나는 초코칩쿠키를 정말 먹고 싶어…….'라고 조앤은 자신을 설득했습니다.

"쿠키는 건강에 나쁘다고요!"

"하지만 하나만 먹을게."

"칼로리가 너무 높아요. 알잖아요!"

"하지만 겨우 쿠키 한 개 먹는 건데, 뭐. 괜찮아."

"맘대로 해요. 왜, 아예 다 포기하고 12개 사서 실컷 먹지 그래요?"

"하지만 한 개면 충분해."

쿠키는 '나쁜' 음식이 아니에요. 당신이 알았으면 좋겠어요. 하지만 머리로는 이해해도 당신은 여전히 쿠키를 먹고 싶은 마음은 나쁜 생각이라고 여기고 통제하려고 노력할 수도 있어요. "쿠키는 형편없고 샐러드는 좋은 거야."라고 말이죠. 식단조절의 규칙은 (이상한 근거와 잘못된 과학에 따라) 음식을 무조건 '좋거나' '나쁜' 두 가지 범주 중 하나에 넣고 먹을 수 있는 음식을 엄격하게 제한합니다.

조앤의 이야기에는 여러 가지 결말이 가능합니다. 조앤은 너무 기분이 나빠서 쿠키를 전혀 먹지 않았을 수도 있습니다. 또 다른 자신의 말이 너무 가혹하다고 생각해서 반항하는 마음에 "젠장, 집어치워!"라고 외치고 쿠키를 여러 개 사서 입안으로 마구 쑤셔 넣었을 수도 있고요. (이런 반응은 24장에서 더 자세히 소개하고 있어요.) 쿠키를 하나 샀지만 '음식 경찰'(또 다른 자신)의 감시를 피하느라 너무 빨리 먹어치워서 별로 기쁘지 않았을지도 몰라요. 아니, 어쩌면 조앤은 '쿠키가 나쁘다'는 생각은 그저 생각일 뿐이라고 자신을 달랬을까요? 이 마지막 시나리오대로라면 조앤은 먹고 싶었던 쿠키를 먹고 행복을 느꼈겠죠.

조앤은 어떻게 했을까요? 정반대의 생각들로 어지러운 와중에 자신을 다잡았고, 쿠키를 먹어도 괜찮다고 인정했어요. 다행이에요. 그녀는 쿠키를 사서 아주 기뻐하며 음미했습니다. 그것은 그녀가 원하는 것이었고, 그녀는 자신의 목소리를 듣는 법을 배웠기에 행복했습니다.

조앤이 매일 오후마다 초코칩쿠키를 찾지는 않아요. 몸과 마음을 상쾌하게 만들 다른 노력을 하고 싶다고 생각하는 날도 있어요. 한 가지 정답에 집착하지 마세요. 그러면 가장 좋은 선택이 무엇인지 스스로 깨달을 수 있어요. 극단 없는 중용의 삶은 조금 더 많은 관심과 친절함, 호기심, 시간을 요구하지만 때로는 삶의 달콤함이 초코칩쿠키 형태로 나타나더라도 그것조차 인정하고 받아들이는 거예요.

'좋은 것'과 '나쁜 것'의 감옥에서 벗어나려면 마음을 바꿔야 합니다. 우선 첫째로, 당신이 원하는 어떤 음식이든 언제든지 먹을 수 있다고 믿으세요. 세상에는 좋은 음식도 나쁜 음식도 없습니다. 결정하는 사람은 바로 당신입니다. 두 번째, 건강이나 질병 상태, 특정 식품에 대한 민감성이나 알레르기, 식재료나 식품의 생산방식에 대한 지식 등을 바탕으로, 아니면 단순히 먹고 싶고 먹고 싶지 않다는 기분으로 당신에게 좋고 나쁜 음식을 결정하세요. 세 번째, 특정한 음식을 먹는 경향은 하루하루 의식적으로 노력함으로써 바꿀 수 있습니다.

배고프다는 생각이 들면 우선 '무슨 음식을 먹고 싶어?'라고 자신에게 물어보세요. 당신은 쿠키, 사과, 치즈, 견과류, 초콜릿, 당근 등을 선택할 수 있습니다. 음식을 '좋음' 또는 '나쁨'으로 구분하지 말고 음식은 그냥 음식일 뿐 가치판단의 대상이 아님을 인정하세요. 그리고 당신이 간절히 원하는 대로 행동해요. 하지만 차분하게 생각해 봐요. 당신은 음식이 아니라 가까운 곳을 산책하는 여유, 차 한잔, 또는 친구와의 전화 통화를 원하는 것일 수도 있어요.

내 안에 살고 있는 두 살배기 철없는 아이

24

내 안의 또 다른 나는 오늘도 외칩니다.

"내 맘대로 먹을 거야, 두고 봐!"

좋은 것과 나쁜 것의 이분법적 규칙에 시달리다 보면 모든 일이 '되는 것, 안 되는 것', '해야 하는 것, 하지 말아야 하는 것', '꼭 해야 하는 것, 절대로 해선 안 되는 것'들뿐입니다. 이런 식의 이분법이 결국 또 다른 당신을 괴롭히고, 결국에는 소리치게 만든 거예요. 저는 이걸 '두 살배기 자아의 복수'라고 부릅니다.

두 살짜리 아이가 어떻게 행동하는지 생각해 보세요. 사람들이 '미운 두 살'이라고 부르는 데는 그만한 이유가 있어요. 부모님의 기대와 규칙을 따르지 않고 자기 멋대로 먹고 자기 멋대로 행동하려고 하거든요.

"몰라! 엄마 말 안 들을 거야!"

사랑스러운 두 살배기는 곧잘 이렇게 말하죠.

매 순간 완벽하게 먹어야 한다고 끝없이 자신을 몰아세우는 것도 마찬가지로 이해하시면 됩니다. 규칙이나 꾸지람이 너무 부담스러워지면 흔히 물건을 던지고 반항으로 통제를 벗어나려고 하죠. 당신의 어린 자아도 당신의 통제 때문에 울다가 지쳐서 결국 필요한 양보다 더 많이 먹게 됩니다. 많이 먹어서 기분이 좋아지는 경우는 거의 없습니다. 진짜 두 살배기한테는 이런 행동이 꼭 필요한 발달과정이지만 성인인 당신에게는 절망감, 수치심, 죄책감, 그리고 지나치게 배부르다는 느낌만을 남겨줍니다.

하지만 무엇을 '하고', '하지 않고'에 대한 규칙을 세우는 건 흔한 일이에요. 다이어트의 중요성을 강조하는 문화가 사람들을 더욱 부추기죠. 아마 당신도 엄격하게 식단관리를 하려고 했다가 제풀에 지쳐서 멋대로 음식을 먹고 마는 '롤러코스터 식사'를 해봤을 텐데요. 이런 행동의 반복을 '박탈-폭식 사이클'이라고 해요. 엄격한 규칙을 좀 더 균형 잡힌 사고와 식습관으로 바꾸려면 자신의 '박탈-폭식 사이클'에 관심을 가져야만 해요.

해야 할 일, 규칙, 그리고 다이어트 계획을 포기하세요. 엄격한 규칙이 없다면 당신 안에 있는 두 살짜리도 반항하지 않습니다. 물론 어느 정도 시간을 들이고 시행착오를 거쳐야 익숙해지겠죠. 그러나 당신이 원하는 것을 가질 수 있음을 이해하는 순간, 당신은 자유를 찾는 것입니다.

"내가 정말 이 음식을 먹고 싶어 한다고? 언제, 얼마나?"

무엇을, 언제, 얼마나 먹을지 결정할 때 마음챙김 기술(6장에서 소개한 '마음챙김 식사의 BASICS')을 활용하세요. 그러지 않으면 당신의 낡은 습관을 고칠 수 없어요. 자신에게 친절하고, 호기심 많고,

선입견 없는 관심을 가지세요. 자신의 입맛과 위장을 모두 존중하는 방식으로 성숙한 결정을 내릴 수 있습니다. 편안하게 소화할 수 있는 양보다 더 많이 먹으면 오히려 불편해져요.

제니는 다이어트를 포기했다고 말했지만, 사실은 평생 다이어트를 해야 한다는 자극을 받다가 지쳐서 반항적인 두 살짜리 아이처럼 행동하고 있었습니다. 그녀는 단호했어요.

"다이어트는 늘 비참함과 실망으로 끝났어. 나는 그냥 먹고 싶은 대로 먹을 거야."

그러나 그녀가 제 수업에 나타났다는 사실은 여전히 다이어트를 염두에 두고 있다는 증거였죠. 제니는 "내가 먹고 싶은 건 뭐든지 먹을 거야!"라는 말에 갇혀 있었어요. 이 말은 "내가 원하는 것을 먹을 수 있어. 무엇을 얼마큼 먹을지 선택할 수 있어."라는 말과는 달라요. 당신은 두 표현의 차이를 이해했나요?

제니는 10주 동안 강의를 들으며 마음챙김을 연습했습니다. 자신이 먹는 음식에 더 큰 관심을 갖고, 배가 부르다는 몸의 신호를 친절과 연민의 태도로 듣기 위해서였죠. 단순히 과거의 조건들에 근거한 반응을 하는 대신에 그녀는 현재의 정보를 활용하여 결정하는 방법을 배웠습니다. 수업 초반에는 거의 체념 상태였는데, 초심자의 마음을 되찾고 매번의 식사 경험에 최선을 다했습니다. 그리고 마침내 반항심을 버리고 너그러운 마음으로 음식을 대하게 되었습니다.

마지막 10주째, 제니는 연습을 통해서 규칙의 굴레에서 벗어났고 이제는 자신이 먹는 음식뿐만 아니라 자기 자신, 자신의 몸에게 진심 어린 애정을 줄 수 있게 되었다고 발표했습니다.

"나는 음식을 먹기 전에 심호흡을 두어 번 합니다. 머릿속에서 두 살배기 아이가 외치는 목소리는 그대로 내버려 둬요. 그래야만 지금 나에게 정말로 필요한 것을 찾아낼 수 있어요. 때로는 앞에 보이는 음식을 먹고 싶기도 하고, 때로는 다른 어떤 것이 필요하다고 판단하기도 합니다. 나는 그 성숙한 결정에 따릅니다. 두 살짜리 아이에게는 언제든 맛있는 음식을 먹을 수 있고, 함께 또 다른 즐거움을 찾을 수도 있다고 달래죠."

현재에 집중하는 연습

"집어치워!"식의 부정적인 생각을 잘 관찰하세요. 당신 내면의 두 살짜리 아이를 조금 더 지켜봐 주세요. '내가 먹고 싶은 걸 먹을 거야!'라는 생각이 들면 일단 무조건 멈추세요. 이 목소리는 당신의 두 살배기 자아가 내는 소리인 것 같아요. 이 목소리와 함께 당신의 몸이 떨리거나, 심장이 더 빨리 뛰고, 땀이 조금 날 수도 있습니다. 스트레스를 받았다는 증거죠. 이럴 때는 기본적으로 모 아니면 도, 즉 투쟁도피반응이 활성화됩니다. 스트레스를 받는 동안 뇌는 현명한 결정을 내리는 능력이 떨어지고 두 살배기 아이를 잘 통제하지 못해요. 호흡과 휴식이 필요해요. 창의적이고 성숙한 의사결정에 관여하는 뇌 기능을 일깨워 주세요.

다음으로 자신의 감정을 '분노', '짜증' 등으로 이름 붙이세요. 앞에서 말씀드린 것처럼 감정에 이름을 붙이는 것은 어려운 감정으로부터 거리를 두고 자신을 보호하는 좋은 방법입니다. 당신이 어떤 감정을 느끼는지 알아내기 위해 시간을 투자하세요. 그 시간 동안 두 살배기 아이가 당신의 입에 많은 음식을 밀어 넣는 것을 멈출 수 있어요.

저의 두 살배기에 대한 이야기를 덧붙일까 합니다. 저는 그녀를 친절하고 온화하며 이해심 있게 대할 것입니다. 그녀를 인정하고, 그녀가 원하는 것을 먹으면 안 된다고 말리는 사람은 없다는 것을 알려줄 수도 있습니다.

그녀에게 케이크는 확실히 먹을 수 있다고 부드러운 목소리로 달래줄 거예요. 그녀와 함께 앉아서 천천히 케이크를 음미하고 적당량을 즐기는 건 어떨까요? 네, 그래요. 우리가 원하면 언제든지 케이크를 먹을 수 있으니까요.

결핍 심리 극복하기

25

"당신은 그만 먹을 때가 언제인지를 어떻게 아나요?"라고 물으면, "접시가 빌 때까지 멈출 수 없어요."라는 것이 일반적인 반응입니다. 이 '접시 닦기' 전략이 어떤 문제가 되는지는 쉽게 알 수 있습니다. 무엇보다도 이 접근법은 당신의 위장과 충만함의 징후들, 즉 언제 식사를 중단할지 나타내는 가장 자연스럽고 유익한 지표를 완전히 무시하고 있습니다. 우리는 어쩌다 길을 잘못 들게 되었을까요?

굶주리는 다른 나라 아이들을 생각해서라도 음식을 남기지 말고 다 먹으라던 어머니의 말씀은 어릴 때 누구나 들었을 것입니다. 하지만 당신이 남긴 음식은 어차피 그 아이들 누구도 먹지 못합니다. 낭비하지 않는 것은 중요한 교훈이지만, 아이들이 포만감을 느끼는 수준보다 더 많이 먹도록 강요해선 안 됩니다. 이는 먹기를 멈추라는 몸의 신호를 무시하라고 가르치는 셈입니다.

몇 년 전 웰빙을 주제로 하는 컨퍼런스에 참석한 저는 이 문제를 언급했습니다.

"음식이 눈에 안 보이는 순간이 아니라 배가 부른 순간에 먹기를 멈추세요. 이게 음식을 아끼는 올바른 방법입니다."

그런데 놀랍게도 저와 같은 영양사 몇 사람이 제 말에 완강히 반대하더군요. 사실 제 수업시간에도 비슷한 말을 하는 사람들이 있었어요.

"어떤 일이 있어도 음식을 낭비해서는 안 됩니다."

"노숙자들에게 기부해야 합니다."

"식사량 조절을 가르쳐야 합니다."

자, 음식을 낭비해서는 안 된다는 의견에는 저도 전적으로 동의합니다. 하지만 남은 음식을 먹지 않는 게 억지로 먹는 것보다는 훨씬 좋은 선택입니다. 그리고 배고픈 노숙자들을 돕고 싶다면 당신이 남긴 찌꺼기가 아니라 새로운 음식을 주세요.

마지막으로 식사량 조절에 대해서는, 먹기 전에 당신의 몸에게 먼저 물어보세요. 실행과 실패를 반복하면서 다음에는 무엇을 어떻게 먹을지 결정하세요. 이것이 가장 좋은 조절 방법입니다. 기존의 식사량 조절은 다이어트를 위해서 무게와 양을 당신의 몸과 상관없이 멋대로 정했기 때문에 문제였던 것입니다. 당신의 몸이 필요로 하는 것을 채워주세요. 이 필요는 (마지막으로 먹은 음식, 먹은 음식 종류, 운동량 등) 여러 가지 이유에 따라서 달라질 수 있다는 사실도 잊지 마시고요.

저 또한 음식을 낭비하는 것이 비극임을 인정합니다. 미국 어린이 여섯 명 중 한 명은 먹을 것이 부족해서 괴로워합니다. 그들은 다음 식사를 어디에서 구할 수 있을지 모르는 상태거든요. 이뿐만 아니라 전 세계적으로 8억 2,100만 명의 사람들이 굶주림으로 고통받고 있어요. 그런데도 미국에서는 공급되는 식량의 30~40%가 낭비되고 있다고 합니다. 당신의 몸이 어느 정도의 음식을 원하는지 관찰하는 시간을 가지면 이런 낭비를 막을 수 있어요. 시간을 조금만 투자하면 됩니다. 음식을 덜 먹으니까 덜 낭비하고, 남아서 보관하다가 상해버린 음식을 버리는 일도 줄어들겠죠. 당신의 몸을 쓰레기통처럼 다루지 마세요.

제2차 세계대전 당시 포스터는 '음식을 남기면 안 된다'고 강조합니다. '지금의 끼니도 많다', '음식을 너무 많이 만들고 너무 많이 데워서 먹는다', '음식을 소홀히 다룬다'는 식으로 장황한 문장을 늘어놓고 있지요. 특히 포스터 하단에 굵은 글씨로 "성장과 회복을 위해 우리 몸에 필요한 양, 일할 에너지를 얻기 위한 양보다 음식을 더 많이 먹는 것, 그것이 바로 음식 낭비다."라고 적혀 있습니다.

하지만 '접시를 싹싹 비워라', '당신의 몸에 필요한 것보다 더 많이 먹어라'라는 말은 어디에도 없습니다. 이 포스터가 음식 낭비를 해결할 방법을 알려주는 것 같지 않나요? 조금 더 많은 시간과 노력이 필요하겠지만, 이러한 윤리와 실천을 자녀들에게 가르치면 (그리고 직접 실행하면) 진정으로 세상에 도움이 될 것입니다.

먹기를 멈추는 순간을 결정할 때 (과식하지 않는 것으로 유명한) 프랑스인은 미국인과는 다른 기준에 반응합니다. 어느 연구에서, 파리에서 온 133명의 참가자와 시카고에서 온 145명의 참가자가 음식 습관 관련 질문을 포함한 간단한 실험을 요청받았습니다. 이 실험에서 프랑스 참가자는 내적 신호를 기준으로 하여 식사를 멈추는 경향이 더 컸습니다(예를 들어 배부르기 시작할 때, 디저트 먹을 공간을 남겨두고 싶을 때, 더 이상 배가 고프지 않을 때). 반면에 미국인은 외부의 자극을 기준으로 삼았습니다(예를 들어 다른 사람들이 적당하다고 생각할 때, 음료수가 바닥났을 때, 보고 있던 텔레비전 쇼가 끝났을 때).

다음에 배가 고플 때는 음식을 만들거나 주문하기 전에 잠시 멈춰요. 당신의 위장에게 어느 정도의 음식이 필요하냐고 물어보세요. 그리고 그 말을 따라주세요. (네, 19장에서 제가 했던 이야기를 떠올리세요. 귀를 기울이면 당신의 몸이 하는 말을 들을 수 있어요.) 음식을 천천히 즐기면서 배고픔이 가라앉는 것을 확인하세요. 어느 정도 먹고 나면 음식이 얼마나 더 필요한지 생각해 보세요. 배고픔이 사라졌거나 포만감이 느껴진다면 더 먹지 마세요. 남은 음식은 잘 보관해 두거나 차라리 모두 버리세요. 시행착오를 통해서 당신은 당신의 몸이 얼마나 많은 양을 필요로 하는지 알게 될 것이고, 앞으로는 더 정확한 양을 준비할 수 있을 거예요. 실천하는 데 많은 시간이 필요하지 않아요. 음식 낭비를 줄이고 당신의 몸에도 평생 동안 큰 영향을 주는 일이라고 생각하면 아깝지 않은 시간이에요.

만약 제 이야기가 당신에게 영감을 주어서, 아깝다고 몸에 필요 없는 음식까지 먹어치우는 대신에, 이제부터는 음식 낭비를 피할 수 있는 보다 좋은 전략을 탐구하고 싶어졌다면 이렇게 해보세요.

◆ 남은 음식은 그 자리에서 다 먹지 말고 상하지 않도록 보관합니다.

◆ 그리고 그 음식은 잊지 말고 나중에 먹거나 다른 요리에 활용합니다.

◆ 당신이 사는 지역에서 생산한 것으로 구입하세요.

◆ 할 수 있다면, 음식 재료를 직접 재배합니다.

◆ 음식물 쓰레기는 퇴비 더미로 쌓거나 벌레의 집으로 만듭니다.

◆ 일주일에 적어도 하루는 베지테리언 또는 비건 식사를 즐기십시오.

◆ 남는 음식은 버리지 말고 푸드뱅크에 기부합니다.

◆ 과일과 채소를 얼려서 보관합니다.

◆ 밀폐용기를 활용하여 남은 음식을 오랫동안 보관하세요.

◆ 남은 채소와 숙성된 과일을 섞어서 먹습니다. 남기는 양을 줄일 수 있어요.

◆ 커피 가루를 비료로 사용하세요.

◆ 무엇을 어디서 어떻게 먹을지 미리 계획을 세워놓습

니다.

◆ 점심을 꼭 먹어요.

◆ 상황이 허락한다면, 집에서 요리하세요.

◆ 홀푸드를 먹습니다.

한입 더 먹기 전에 자리에서 일어나요

26

"저는 아무 생각도 하지 않습니다. 그냥 먹어요."

사람들이 제게 이런 얘기를 자주 해요.

책의 말을 빌리자면 이렇습니다.

"먹는 동안에는 이성이 마비돼 버려요. 내가 충동을 따라가고 있다고 막연하게 느낄 뿐이죠. 생각은 음식을 다 먹고 나서 돌아와요."

"내 안에 있는 식탐이라는 괴물의 존재를 항상 잊고 살아요. '사건'이 벌어진 다음에야 진실을 깨닫는 거죠."라는 미리엄도 있고요. 조디는 "저는 먹을 때 완전히 바보가 돼요. 문득 내려다보니 접시가 비어있어요. 음식이 다 어디로 간 거죠?"라고 제게 고백했습니다.

TV 시청, 이메일 회신, 독서, 심지어 운전 등 다른 것에 집중하면서 먹느라 당신은 무분별한 식사를 하고 마는데요. 이런 식사 방식은 꽤 심각한 문제를 일으킵니다. 포만감을 느끼는 능력을 떨어뜨릴 뿐만 아니라, 무엇을 먹었는지에 대한 기억을 잊게 만들어서 나중에 더 많은 음식을 먹도록 유도하거든요. 흥미로운 연구가 있습니다. 참가자의 절반은 점심을 먹으면서 컴퓨터에 정신이 팔렸고, 나머지 절반은 식사에 집중했습니다. 컴퓨터에 주의를 빼앗긴 참가자들은 식사 후에도 배가 부르지 않았고, 30분 후에는 자신이 먹은 음식을 잘 기억하지 못했습니다. 다시 30분이 지났을 때 참가자들에게 간식으로 쿠키를 제공했더니, 컴퓨터에 몰두하면서 식사한 사람들은 식사에 집중한 이들보다 두 배 더 많은 양의 쿠키를 먹었습니다.

다른 활동에 정신이 팔리지 않았더라도, 앞서 말씀드렸듯이, 우리는 식사하는 동안 반 정도만 집중하는 것으로 보입니다. 사람들은 무의식적으로 음식을 집어 입으로 가져갑니다. 먹는 것은 습관적으로 반복하는 활동이고, 음식은 주위에 널려 있습니다. 한번은 비행기를 타고 여행하던 도중에 남편이 저에게 부탁하더군요. 자기가 집어서 입에다 넣기 전에 쿠키와 프레첼을 치워달라고요. 우리는 마치 로봇 같습니다. 음식이 보이면, 먹습니다.

남편도 저의 마음챙김 강의를 들었어요. 그래서 식탁에 앉았을 때 음식들이 자신을 유혹하는 순간을 잘 알고 있어요. 하지만 음식에 관해 매일 내리는 모든 결정을 다 인지하지는 못해요. 결정의 많은 부분이 (스튜어디스가 간식을 건네주는 순간 같은) 외부 요인에 따라 무의식적으로 이뤄지거든요. 많은 양의 음식을 받으면 그만큼 많이 먹겠죠. 눈에 잘 띄는 곳에 음식이 있다면 먹을 가능성이 더 커지고요. 실내의 어둡고 부드러운 조명은 식사시간을 늘리는 효과를 발휘한다고 하네요. 포장된 음식의 라벨 유형도 호감도에 영향을 줄 수 있고요. 이 외에도 다양한 요소들이 결정에 관여합니다. 우리는 음식에 관해서 하루에 200가지 정도를 결정한다고 해요. 그래서 간혹 신중하게 생각하지 못하고 무심결에 음식을 선택하고 소비하게 되는 거죠.

음식에 관련하여 '언제, 무엇을, 얼마나, 어디서, 누구와'를 선택하세요. 이를 이용해 이제부터는 기계적으로 음식을 먹지 말고 의식적으로 식사를 하도록 합시다.

언제: 음식 먹을 시간은 어떻게 결정하나요? 배가 고플 때 먹나요, 아니면 음식이 나왔을 때, 기분이 좋을 때 먹나요? 심심해서 음식을 먹나요? 가능하다면 식사시간을 의식적으로 선택하세요. 첫입을 먹기에 앞서, 음식을 왜 먹으려고 하는지 그 이유를 확인하세요.

무엇을: 어떤 음식을 먹고 싶은지 자신에게 물어보세요. 짭짤하고, 새콤하고, 쓰고, 고소하고, 아삭하고, 부드럽고, 뜨겁고, 차갑고……. 무엇을 먹을까요? 자신이 정말 원하는 음식을 먹는다면, 자신을 만족시켜 줄 음식을 찾아 헤매다 과식하게 되는 경향이 줄어듭니다.

얼마나: 먹기 전에 미리 얼마나 먹을지 정해두면 좋아요. 하지만 식사하는 동안에도 계속 확인할 수 있어요. 얼마나 많이 먹느냐는 접시의 크기, 주어진 음식의 양, 그리고 많은 다른 요소들에 의해 영향을 받을 수 있습니다. 무엇보다 당신의 위장을 믿으세요. 위장의 신호에 맞춰서 음식량을 조절하세요.

어디서: 장소에 관해서는 두 가지 결정이 있을 수 있습니다.

◆ 어디서 먹을까요? 먹는 장소가 '어떻게' 먹느냐를 좌우할 수 있습니다. 차 안에서 먹거나, 걸으면서 먹거나, 다른 사람과 대화하며 먹거나, TV를 보며 먹거나, 컴퓨터 작업을 하면서 먹거나, 냉장고 앞에 서서 먹는 등 장소의 변화가 어떤 영향을 미치나요? 접시에 담아 식탁에서 음식을 먹으면 어떻게 다른가요? 식사에 집중할 수 있는 장소를 선택하세요.

◆ 당신이 먹는 음식이 어디서 어떻게 만들어졌을지 생각해 보세요. 지역에서 생산한 식품과 수입해 온 식품이 어떻게 다른지 느껴보세요.

누구와: 주변 사람들의 영향을 고려하세요. 집과 직장에서 누가 당신에게 더 좋은 영향을, 또 나쁜 영향을 주나요? 누가 당신이 좋아하는 방법으로 먹도록 도와주나요? 당신이 먹기 싫어하는 방식으로 먹도록 유도하는 사람은 누구인가요? 당신을 정말 배려하는 사람들과 더 많은 시간을 보낼 수 있을까요? 누구와 함께 지내는지에 따라 먹는 방식도 많이 달라질 수 있습니다.

음식으로 보상하기?

27

당신도 특별한 일이 있을 때 '음식으로 나를 달래야겠다'고 생각하나요? 다른 많은 사람들처럼요. 음식은 효과적인 전략 중 하나이지만, 당신의 한계를 벗어나서 나중에는 당신을 질질 끌고 다닐 수도 있어요. 더 오래 유지할 수 있고 더 큰 보람을 가져다주는 다른 방법을 찾아봅시다.

데이나의 이야기를 들려줄게요. 데이나는 음식을 좋아합니다. 특히 컵케이크를 좋아해서 인생의 모든 작은 승리를 컵케이크로 축하하는 습관이 있습니다.

"오늘 머리 스타일이 마음에 드는데! 좋아, 컵케이크!"

"교통체증 없는 아침 출근길! 좋아, 컵케이크!"

"프로젝트를 제시간에 끝냈어! 컵케이크 먹자!"

"이번 주도 금요일까지 잘 견뎠군! 그래, 컵케이크 하나 먹자!"

컵케이크, 컵케이크, 컵케이크! 제가 왜 이렇게 표현하는지 당신은 아시겠죠? 컵케이크 그 자체가 문제는 아니지만 모든 상황에서 컵케이크를 보상 수단으로 자신에게 선물하는 건 현명하지 못해요. 데이나의 하루는 감사와 인정받는 느낌을 위해 컵케이크 그리고 다른 음식들로 채워졌어요.

자, 어떤가요? 이쯤에서 제가 읽고 감탄했던 책을 한 권 소개할게요. 데이비드 리코(David Richo, 에솔렌 인스티튜트와 UC 버클리, 샌타바버라 시티칼리지의 심리학 교수이며 30여 년 동안 심리치료 전문가로 활동하고 있다.-옮긴이)의 《인간관계에 어른스럽게 대처하는 5가지 비결(How to Be an Adult in Relationships: The Five Keys to Mindful Loving)》이라는 책입니다. 리코가 말하는 5가지 비결은 관심, 수용, 인정, 애정, 허용입니다. 이 5가지는 자신과의 관계를 건강하게 가꿔가도록 도와줍니다. 저는 리코의 책을 읽으며 자신과의 관계가 인생에서 매우 큰 역할을 한다는 것을 다시금 깨달았어요. (20장 '자신에게 최고의 친구가 되어주세요'를 읽어보세요.)

자기 자신과의 안정된 관계는 일관된 사랑과 보상을 제공해 줍니다. 음식을 먹거나 다른 사람에게서 격려를 받는 것보다도 스스로 자기 자신을 챙기는 것이 더 큰 힘을 발휘합니다. 음식으로 보상을 받으려 할 때 원하는 그 감정적인 성취감을 얻을 수 있고, 자신의 삶에 더 많이 감사할 수 있습니다.

관심 Attention

자신의 감정, 생각, 신체감각에 주의를 기울이세요. 이들이 보내는 메시지를 이해해 직접적이고 효과적으로 대응하게 됩니다.

수용 Acceptance

자신을 받아들이지 않으면 자신에게 충분한 관심을 줄 수 없습니다. 자신에게 관심을 갖다 보면 부정적인 자기암시와 행동을 찾게 됩니다. 스스로를 수용하는 단계로 나아가세요. 자신감과 자존감을 높이기 위해서 꼭 필요한 과정입니다. 자신감과 자존감은 당신이 스스로 찾아야만 합니다. 다른 사람들이 가져다주길 기다릴 수 없어요.

인정 Appreciation

음식을 보상 수단으로 삼게 만드는 주된 원인이죠. 누구나 주목받고 인정받고 싶어 합니다. 그런데 이런 욕구를 충족하지 못해서 다른 방법으로 기분을 전환하거나 엔도르핀을 증가시키려고 하는 거예요. 다른 무언가나 다른 누군가의 인정을 기다리지 마세요. 당신이 자신을 인정해 주세요. 제 수업 중에는 수강생들이 자신의 어깨를 두드리며 "잘했어!"라고 말해주는 시간이 있어요. 이 시간은 항상 웃음을 주면서 즐거운 분위기로 끝난답니다.

애정 Affection

애정에는 앞의 세 요소가 선행되어야 하고, 행동도 필요해요. 애정은 관심과 자기수용과 인정으로부터 나옵니다. 애정은 안정감을 주고, 자신을 더 잘 돌볼 수 있게 해준답니다.

허용 Allowing

자신의 의지에 따라서 행동하세요. 불합리한 외부의 기대와 기준에 맞추지 마세요. 이는 수용에서 한발 더 나아가는 것입니다. 두려움이나 편견, 평가기준을 갖지 말고 원하는 것을 추구하세요. 이것은 자신에게 보내는 조건 없는 사랑의 또 다른 모습이기도 합니다.

저는 당신이 이 5가지 비결을 실천하면서 보람을 느끼길 바랍니다. 이대로 한다면 당신은 살면서 경험하는 모든 좋은 일과 나쁜 일, 성공과 실패를 받아들이고 만족할 수 있어요. 음식을 통해서 보상을 받겠다는 생각은 덜 하게 될 거고요.

음식이 아닌 다른 보상 방법을 찾으세요. 상황에 맞게 새롭게 바뀌고, 쉽게 얻을 수 있고, 당신에게 큰 즐거움을 주는 보상 방법은 많이 있습니다.

관심: 아침에는 출근이나 아이들 등교에만 신경 쓰지 말고, 자신과 관계를 개선하기 위한 노력을 시작하세요. 예를 들어 저는 몇 분 정도 나에게 영감을 주는 책을 읽고 하루를 시작해요.

수용: 매일 당신의 불완전함이 지닌 완벽함을 되새기세요. 적어도 하루에 한 번 거울을 보면서 "사랑해."라고 말하고 웃어주세요. 매일 사랑의 물약을 먹고 나서 자신을 바라보는 거죠.

인정: 하루하루를 보내면서 당신이 만족스럽게 한 일들을 기억하세요. 아침에 잠자리를 정리하고, 설거지하고, 아이들을 학교에 보냈어요. 정시에 출근하고, 쓰려고 했던 이메일을 썼죠. 식탁에 앉아 저녁을 먹고, 제시간에 우체국에 갔어요. 스스로 만족스러운 작은 순간들을 무시하지 마세요. 이 작은 순간들이 당신의 삶을 채우고 있습니다.

애정: 자신에게 작은 친절을 베풀면서 매일매일 애정을 표현하세요. 바쁜 하루 중에 몇 분 동안 차를 마시며 휴식 취하기, 배고플 때 음식 먹기, 짧은 산책, 아무 일도 하지 않고 긴 심호흡 다섯 번 하기, 가슴에 손을 대고 나

자신과 교감하기, 마사지, 촛불을 켜놓고 뜨거운 물로 목욕하기, 회복 요가 배우기, 짧은 낮잠 등을 추천합니다.

허용: 아마도 당신에게 주어지는 가장 큰 보상일 거예요. "나는 내 존재의 모든 부분에 관해서 나 자신을 완전히 사랑하고 나 자신에게 감사합니다."라고 말해보세요. 자신과의 관계를 개선하는 계기가 될 테니까요. 그 다음은 지금 당신이 한 말을 행동으로 옮기는 단계입니다. 자신의 가치선언문을 만들어 적어놓고, 꾸준히 읽고 되돌아보세요.

나의 두려움과 욕망을 정면으로 바라보세요

28

인생의 힘든 순간에 당신은 '오직 음식만이 나의 위로이고 즐거움'이라고 생각할지도 몰라요. 데버라가 딱 이런 경우예요. 데버라의 어머니는 유방암으로 돌아가셨는데 그 당시 데버라는 겨우 열세 살이었고 어머니도 42세의 젊은 나이셨습니다.

"어머니는 정말 훌륭한 제빵사였어요. 쿠키, 케이크, 파이는 날 다시 어머니와 연결해 주는 것만 같아요. 최근에는 뇌종양으로 언니를 떠나보냈어요. 너무 슬퍼서 위로를 받고 싶은 마음에 어느새 쿠키를 집어 들게 되더군요."

마크는 그저 '지루해서' 음식을 먹는다고 말했습니다. 그는 사람들과 잘 어울리지 못하고 항상 먹을 것을 옆에 놓고 컴퓨터 게임을 하거나 TV를 보려 했죠.

이 두 사람의 상황은 전혀 다르지만 슬픔, 지루함 등 모든 감정이 방아쇠가 될 수 있습니다. 감정에 효과적으로 반응하는 방법을 모르면 그저 음식으로만 위안과 즐거움을 찾으려 하죠. 음식은 곧

바로, 어쩌면 1분 안에 당신이 원하는 것을 안겨줍니다. 그래서 많은 사람들이 음식에 의지하는 거겠죠. 그런데 이 방법은 근본적인 감정과 문제를 해결할 수 없어요. 당신은 더 많은 위안과 즐거움을 위해 더 많이 먹어야만 합니다. "기분이 안 좋다, 먹자."의 반복입니다.

데버라는 어머니와 언니를 잃은 슬픔을 극복할 방법을 찾고 있었습니다. 그녀는 자신의 감정을 마주하고, 그 감정을 이해하고, 심호흡으로 기분을 전환하는 방법을 조금씩 배워갔어요. 그러자 쿠키를 먹지 않아도 괜찮아졌습니다. 특히 손을 가슴에 얹고 심호흡을 하면서 잃어버린 두 사람과의 추억을 떠올리는 시간이 그녀에게 큰 힘이 되었어요. 물리적으로는 어머니, 언니와 떨어져 있지만, 여전히 남아있는 그들의 진실된 사랑을 느끼는 시간을 갖자 그들에 대한 기억이 데버라를 지지하고 위로해 주었습니다.

마크는 자신을 달래기 위해 음식과 미디어를 사용하고 고독이라는 근본적인 문제에서 벗어날 방법으로 "나는 지금 지루하다."라고 자신에게 주문을 걸었어요. 그러던 어느 날, 우연히 자신과 비슷한 사람들의 모임에서 데이트 상대를 만났습니다.

"저는 데이트하기 전에 살을 빼야 한다고 생각했어요. 지금까지 겁이 나서 핑계를 댔지만 이젠 달라요. 내가 누군가의 친구가 될 만큼 괜찮은 사람이라는 것을 믿고 두려움에 맞설 준비가 되었습니다."

음식을 찾고 먹는 데는 큰 노력이 필요하지 않습니다. 음식은 어디에나 있고 빠르고 쉽게 만날 수 있는 존재입니다. 하지만 위안을 위해 음식을 찾는 것은 나쁜 남자나 나쁜 여자를 사귀는 것과 비슷합니다. 음식과 나쁜 애인은 모두 그들이 줄 수 있는 것보다 더 많이 약속해 놓고 지키지 않습니다. 당신은 더 큰 상처를 받게 됩니다.

반대로 두려움과 욕망을 마주할 용기는 처음에는 당신을 괴롭히고 당신에게 더 많은 감정 소모를 요구할 것입니다. 그래도 즉각적인 해결 방법(또는 잘못된 데이트를 선택하는 것)에 만족하지 마세요. 삶의 방향을 바꾸고, 스스로 상처를 극복하고, 자신이 진짜 원하는 것을 얻으세요. 편안함을 위해 음식을 찾는 자신의 습관을 이해하고 원인을 찾아보세요. 약간의 노력이 필요하지만 그럴 만한 가치가 충분히 있답니다!

반복해서 실천하세요. 음식을 먹기 전에 자신에게 꼭 물어보세요. '정말 배가 고프니?' 만약 대답이 '예스'라면, 드세요. 만약 대답이 '노'라면 다시 물어보세요. '그럼 네가 지금 느끼는 건 뭔데?'

이 책의 2단계에서 이야기한 것처럼, 당신은 매일 자신의 감정을 확인해야 합니다. 자신의 감정을 정확하게 이해할 수 있을 때까지 그렇게 하세요. 겉으로 보이는 감정은 진짜가 아닐 수 있습니다. 마크는 사실 외롭고 무서웠는데도 자신이 지루해한다고 믿었습니다.

당신에게 일어나는 일을 기록하는 데 시간을 투자하세요. 먹을 것을 찾고 있지만 배가 고프지는 않을 때, 당신이 느끼는 감정에 대해서 한 페이지 정도 글을 쓰는 것을 추천해요. 다 쓸 때쯤이면 어떤 두려움을 느꼈는지 혹은 무엇이 필요한지 훨씬 명확하게 알게 될 것이고, 음식으로 감정을 바꾸고 싶은 마음은 줄어들 것입니다. 그리고 글을 적다 보면 (산책을 한다거나, 글을 더 쓴다거나, 기분이 좋아지는 전략을 계획한다거나, 친구와 이야기하는 등) 당신이 할 수 있는 건설적인 일들을 찾게 될 수도 있고, 아니면 감정은 결국에 사라진다고 믿고 우선은 받아들이게 될지도 모르죠. 무엇이든 당신이 느끼는 모든 감정은 바로 당신이 살아있는 인간이라는 증거입니다.

도움이 필요하다면 이 책의 2단계를 다시 검토하세요. 2단계의 지침에 따라 마음챙김을 꾸준히 연습하세요.

더 나은 당신으로 성장하는 데 도움을 줄 거예요. 그렇게 해서 자신의 감정을 온전히 받아들였다면, 도망치거나 일시적인 수단에 의존하지 않을 수 있다면, 이제 당신은 다음 여행을 시작할 준비를 마친 것입니다. 그 여행은 진정한 용기와 사랑의 여행입니다.

당신이 평가한 성공과 실패는 진짜가 아닙니다

29

캐런은 그동안 스스로를 방해해 왔다고 고백했습니다.

"이미 망쳤으니 오늘은 계속 먹고 내일 다시 시작하는 게 나을 것 같았어요. 그런데 다음 날에도 저는 똑같은 행동을 반복했어요. 비현실적인 목표로 나 자신을 몰아세우다가 실패했죠. 그리고 '다시는 이렇게 안 먹을 거니까' 하면서 결국 필요 이상으로 더 많이 먹었답니다."

완벽주의와 관련된 패배주의가 이 잘못된 사고의 핵심입니다. 음식을 먹을 때 복잡하고 혼란스럽고 실현 불가능한 규칙을 내세우니까 실패할 수밖에 없죠. 그리고 당신은 큰 좌절감을 느낄 테고요.

캐런은 어디서 읽거나 들은 것을 바탕으로 '옳은' 방법과 '잘못된' 방법에 대한 수많은 기준을 가지고 있었어요. 주변의 다이어트 지침이 바뀔 때마다 캐런의 기준도 모호해지고 제멋대로 바뀌었죠. "어쨌든 내가 제대로 하고 있지 않다는 건 그냥 알 것 같아요."라고 캐런은 반성했습니다. 당신이 캐런과 같다면, 당신은 케이크 한 조각이나 초콜릿 한 조각을 먹고 실패한 겁니다. 실패자가 된 거죠.

그렇지만 다행히도 마음챙김 식사에는 '좋고 나쁘고', '옳고 그르고', '성공 혹은 실패'의 구분이 없어요. 휴!! 성공이 초콜릿(또는 다른 나쁜 음식)을 더 먹지 않는 것이라면 정말 끔찍해요! 아무런 판단 없이 친절함과 호기심으로 모든 맛, 모양, 냄새, 다른 감각들에 집중하는 것이 마음챙김 식사의 '규칙'이라서 기쁘군요.

당신이 좋아하는 음식, 좋아하지 않는 음식, 어떤 음식을 먹고 싶은지, 얼마나 먹고 싶은지 알아가려고 노력하세요. 그리고 마음챙김 식사를 할 때는 내 안의 완벽주의자를 떨쳐버리세요. 에고! 쉽게 물러서지는 않네요. 완벽주의자의 깐깐함을 무마시킬 음식이나 식사법이 필요해요.

음식의 좋고 나쁨을 평가하는 완벽주의자는 당신의 먹는 즐거움을 앗아 갈 거예요. 사실 완벽주의는 당신의 모든 즐거움을 빨아들일 수 있습니다. 당신이 음식을 먹을 때 완벽주의에 시달린다면 당신은 아마 삶의 다른 부분에서도 똑같은 부담감을 갖고 있을 겁니다. 여기에 맞서는 방법은 두 가지입니다. 완벽하기 위해 정말 열심히 노력하거나, 포기하고 반대로 행동하는 것이죠. 기왕 실패한다면, '화끈하게' 하세요.

마음챙김 명상을 시작한 지 얼마 지나지 않아서 저는 제 안의 완벽주의자와 마주했습니다. 저는 그를 '베티'라고 불렀습니다. 항상 저를 따라다니는 제 안의 완벽주의자가 이름을 가질 자격이 있다고 생각했거든요. 베티는 언제나 모든 사건과 모든 사람, 특히 저 자신을 그다지 옳지 않거나 아주 잘못되었다고 비난했어요. 저는 그동안 '옳은 행동을 하려고' 매우 열심히 노력했고 내 주변의 다른 사람들도 똑같이 하게 했었죠. 그런데 어느 순간 깨달았어요. 나는 쓸데없는 짓을 하고 있었어요. 옳고 그름은 없었습니다. 순간순간 삶이 펼쳐지고 있었을 뿐이지요. 문제의 원인은 저의 반응이었습니다.

도넛을 먹는 문제를 두고 고민하지 마세요. 도넛이 당신이 원하는 것이라면, 당신은 도넛을 즐길 수 있고 멈출 때를 선택할 수 있어요. 하나를 먹고도 부족해서 여러 개를 한꺼번에 먹어둘 필요가 없다고요. 도넛을 먹든지, 아니면 당신이 원하는 다른 것을 먹든지, 그 맛에 전적으로 관심을 가지고, 그리고 죄책감을 느끼지 말아요. 그렇게 먹으면 훨씬 맛있을 거예요! 그리고 만약 당신의 베티가 당신을 부끄럽게 만든다면, 당신의 음식에 관심을 보이는 그녀에게 감사를 표하고, 내가 음식을 즐기는 동안 앉아서 차라도 한잔 마시라고 권해보세요. 혹시 모르죠. 베티가 당신에게 도넛을 하나 더 줄지.

사실, 완벽주의는 당신이 어렸을 때 어떤 식으로든 당신을 보호하기 위해 발달했습니다. 저의 경우, 아버지 기분을 좋게 만들기 위해서 '나를 완벽한 존재로 바꾸는' 방식으로 형성되었습니다. 어렸을 때는 세상이 나를 중심으로 돌아간다고 믿었거든요. 무슨 일이 일어나면 제 탓이라고 생각했어요.

'아빠의 어두운 분위기가 나 때문이었을 것 같아.'

내가 충분히 잘하면 아빠가 좋아지실 거라고 생각했어요. 그것이 통하지 않으니까 완벽주의가 형성되었고, 저의 완벽주의는 저와 함께 성장했습니다.

당신의 머릿속에 있는 비판적 성향, 완벽주의를 인정하세요. 언제나 당신의 머릿속을 채우고 있는 그 생각들을요. 당신이 더 이상 동요하지 않으면 그 생각들도 힘을 잃고 맙니다.

'어, 반응을 안 하네? 에이, 재미없어.'

그러면 훨씬 더 견디기 쉬운 정도로 가끔씩만 나타나겠죠.

완벽함이 당신의 목표였다면 당신은 성공한 적이 별로 없을 거라고 확신합니다. 인간은 실수하는 존재입니다. 사람은 누구나 실수할 수 있어요. 그러니까 실수했더라도 안심해요. 괜찮아요. 사실 그것은 괜찮은 것 이상입니다. 실수를 이해해야 합니다. 실수는 자연스러운 현상입니다.

다음에 또 실수를 하거나(맞춤법을 틀리거나, 해선 안 될 말을 하거나, 생각보다 많이 먹었거나) 불운을 맞닥뜨리면(아끼던 컵이 깨지거나, 차가 긁혔거나, 머리카락이 삐뚤빼뚤 잘렸거나, 새 옷에 얼룩이 생겼다면) 예전처럼 부정적인 반응을 보일 수도 있겠죠. 하지만 기억하세요. 그 불완전함이 바로 삶의 방식이에요. 그것을 당신이 알아차렸습니다. 패배가 아니라 축하할 일이죠.

제 얘기를 받아들이기 버겁더라도 포기하지 마세요. 완벽주의를 극복하려면 연습이 필요하지만 그만큼 얻는 게 있을 테니까요.

행복은 당신의 몸무게를 측정하지 않습니다

30

어느 날 아침 헬스장으로 린다를 만나러 갔는데 그녀의 표정이 몹시 불안해 보였어요. 무슨 일인지 묻자, 오랜만에 대학 친구들을 만나게 되어서 미리 살을 빼고 싶다고 하더군요. 그래서 운동을 더 하고 식단을 더 잘 챙기려고 노력했는데도 몸무게가 변하지 않았다고요.

"무서워요. 계속 살을 못 빼면 어떡하죠?"

저는 이런 말을 자주 들었는데요, 당신은 어때요?

사람들은 오랜만의 모임이나 결혼식 같은 특별한 행사를 계기로 살을 빼고 '근사해지겠다'고 결심합니다. 그런데 이 전략은 그다지 효과가 없어요. 어쩌다 성공했어도 나중에는 원래대로 돌아오더라고요. 요요에 시달리는 경우도 많아요. 속전속결로 체중을 감량해도 결국 불편한 진실이 남는 거죠.

'내가 괜찮아지려면 지금과는 달라져야 하고, 일단 지금 내 모습은 부족한 게 많아.'라는 생각에 사로잡히면 당신은 결코 만족할 수 없어요. 삶의 행복을 느끼기는 더욱 불가능하겠죠. 살이 빠지든 안 빠지든 이런 생각을 계속 가지고 있으면 당신은 고통스러울 거예요. 당신이 만족할 수 있는 '마법의 몸무게'가 되더라도 더 나아지려면 또 다른 변화가 필요하니까요.

저는 수년 전에 마약, 술, 담배를 끊으면서 이것을 깨달았습니다. 담배는 저에게 가장 중요한 존재였기 때문에 담배를 끊었더니 많이 우울해졌고, 우울해서 아이스크림과 브라우니를 많이 먹었고, 결국 살이 쪘습니다. 그 후 몇 년 동안 다이어트를 하면서 어느 정도 몸무게를 조절하겠다는 목표를 세웠습니다. 처음에는 전혀 성과가 없다가 드디어, 원하던 몸무게가 되었어요. 하지만 아무것도 없었어요. 찬란한 종소리가 울려 퍼지지도 않았고 사람들의 축하도 없었어요. 딱 2초 동안 행복을 누리고 나서 저는 다시 한번 목표를 세웠죠. '음, 2킬로그램 넘게 더 빼야겠어…….' 순식간에 일어난 일이라 머리가 핑 돌 지경이었어요. 7년을 고생했는데 고작 2초 행복할 수 있다니요.

이때부터 저는 마음챙김을 훈련했어요. 제 감정을 분명히 이해할 수 있게 되니까 오히려 휘둘리지 않게 되더군요. 사실 몹시 화가 났어요. 너무 화가 나서 체중조절을 포기했고, 두 번 다시 시도하지 않았어요. 저의 행복, 가치, 웰빙은 체중계의 숫자로 얻을 수 있는 게 아니었어요. 학교로 돌아가서 새 삶을 시작했죠. 학교에서의 시간은 어떤 몸무게보다도 제게 큰 의미와 기쁨을 주었습니다. 그렇게 저는 체중감량의 유혹에서 영원히 멀어졌답니다.

특별한 행사 때문에 살을 빼려고 하든, 매일 자신의 체중에 불만을 느끼고 이걸 극복하려고 하든, 살을 빼는 데만 집착하면 진실을 바로 볼 수 없게 됩니다. 체중에 초점을 맞추면 마음의 속삭임과 멀어지고, 자신을 표현하면서 얻는 행복감에 대한 근본적인 욕구를 충족할 수 없습니다. 행복해지고 싶다면 몸무게 말고 내면에 관심을 기울이세요. 신체 움직임, 감정 교류, 정신적인 자극과 창의력, 영적인 표현에 대한 자신의 욕구를 채우려고 노력하세요.

당신의 삶에서 행복감을 만들어내는 활동을 기록해 보세요. 네 가지 기준에 맞게 나누어서 기록하세요.

❶ **신체 움직임:** 자신이 즐기는 신체활동의 종류, 함께 하고픈 사람, 할 수 있는 시간, 적합한 장소를 적으면 됩니다.

❷ **감정 교류:** 감정 충족을 위해서 당신이 더 많은 시간을 함께 보내고 싶은 사람들을 적어보세요. 마음이 비슷하고, 지지적이며, 충실하고, 흥미롭고, 신뢰할 수 있고, 믿을 만하고 긍정적인 사람들 말이죠. (물론 어느 한 사람이 당신의 모든 기대를 채워준다는 건 불가능합니다. 그리고 모든 사람이 같은 자질을 지닌 건 아니랍니다.) 그중 누군가와 다음 주에 함께 시간을 보낼 계획을 세우세요.

❸ **정신적 자극과 창의력:** 교육, 직업, 사회참여, 여가활동 등의 분야에서 당신이 흥미를 느낄 만한 활동을 최대한 많이 적어보세요(명상수업, 워크숍, 독서, 미술과 음악, 팟캐스트, 요리, 여행, 퍼즐).

❹ **영적 표현:** 커다란 유대감과 평화를 느낄 수 있는 방법을 적으세요(자연 속에서 시간을 보내거나, 특정 종교나 영적 공동체와 교감하거나, 관련 주제에 대한 글 읽기, 또는 명상이나 요가).

각각의 항목을 최대한 자세하게 적고 이러한 필요를 충족시키는 자신을 시각화하세요. 당신의 마음에 가장 와닿는 활동과 가장 함께하고픈 사람들을 위한 시간표를 작성하세요.

몸무게에 대해 고민하고 지키지도 못할 최신식 다이어트 비법을 찾아다니는 대신, 지금 만든 목록을 떠올리세요. 당신의 마음과 삶을 진정한 의미로 채워줄 일들에 참여하세요. 몸무게의 굴레에서 벗어나 이런 욕구를 충족시키면서 자신감, 기쁨, 열정을 확인하세요. 특별한 날이든 아니든, 모든 만남 속에서 그렇게 하세요!

미소 지으며
나만의 행복을 만드세요

"이 순간에도 행복하세요, 그걸로 충분해요. 매 순간이 우리에게 필요한 전부일 뿐, 그 이상은 아니에요."

—테레사 수녀(Mother Teresa of Calcutta)

침착한 태도를 갖고, 감정을 가라앉히고, 부정적인 생각에서 벗어나는 방법까지 배웠으니 이제 다음 단계를 실천해 볼까요? 미소를 짓고 당신만의 행복을 만들어보세요.

마음챙김은 현재에 충실한 태도로만 만족하지 않아요. 미래의 행복까지 추구합니다. 이 사실을 모르는 사람들이 꽤 많더라고요.

마음챙김의 깨달음을 통해 얻은 지혜와 분별력으로 원하는 것을 얻을 수 있어요. 음식의 맛을 음미하고 자신과의 관계를 발전시켜서 삶이 주는 기쁨과 행복을 더 많이 누릴 수 있지요. 마음챙김을 '통찰'의 실천이라고도 부르는 것은 이런 이유 때문입니다. 판단하지 않고 있는 그대로의 지금을 받아들이세요. 고통을 덜고 더 큰 행복을 만들어내는 방식으로 먹고, 움직이고, 살아가는 방법을 배우게 됩니다.

참고할 만한 불교 지침 네 가지를 소개할게요.

❶ 고통을 일으키는 생각과 행동을 인식하세요.

❷ 그들의 영향력을 인정하더라도 더 이상의 간섭은 거부하세요.

❸ 당신의 행복을 키우는 생각과 행동을 반복하세요.

❹ 의식적인 노력을 통해 이러한 생각과 행동을 유지하세요.

고통을 잊고 싶어서, 아니면 단순히 음식이 가까이 있다는 이유로 음식을 먹으면 당신에게 문제가 될 수 있어요. 삶의 여러 영역에서 긍정적인 부분을 발견하세요. 음식에 의존하는 횟수를 줄일 수 있답니다. 지침을 실천하려면 당신의 자애로운 관심과 더불어 꾸준한 의지와 용기가 필요합니다. 자, 지금부터 제가 하는 말을 잘 들어보세요.

행복을 선택하세요

31

연구 결과에 따르면, 사람은 정해진 범위의 행복만을 느끼지만, 다행스럽게도 이 범위는 매우 유동적이라고 합니다. 새로운 옷이나 신발을 사거나, 맛있는 케이크를 먹거나, 멋진 섹스를 하거나, 보드게임에서 이기는 등 어떤 욕망의 즉각적인 만족을 통해 경험하는 단순한 행복을 말하는 것이 아닙니다. 그런 종류의 행복은 오븐에서 갓 나온 초코칩쿠키를 먹는 것과 같은 즐거운 경험을 통해 생기는 일시적인 감정에 바탕을 두고 있는데요. 이런 식의 행복도 물론 좋습니다. 사실 저에게도 음식과 함께하는 즐거운 순간은 일상의 큰 즐거움 중 하나입니다. 하지만 진정한 행복은 음식으로 얻을 수 없습니다.

제가 제안하는 행복은 삶의 모든 우여곡절을 통해 일관성을 유지하는 결정과 삶에 대한 접근방식에 기초합니다. 즐겁고 불쾌한 경험은 항상 있는 일이지만 그 속에서도 꾸준히 행복을 느낄 수 있습니다. 그것을 성취한다는 것이 조금은 벅차게 느껴질 수도 있겠지만, 다행히 당신은 행복을 얻기 위해서 다른 사람 혹은 다른 사건을 기다리지 않아도 됩니다. 상황에 상관없이 자신만의 노력으로 최고의 행복을 누릴 수 있습니다.

단, 자신이 정말로 행복을 원한다는 확신이 필요합니다. 저는 이 확신이 다른 무엇보다 중요하다고 믿어요. 물론 행복하기보다 차라리 불행해지고 싶다는 말을 하는 사람은 없습니다. 하지만 슬프게도 많은 사람의 행동과 생각은 그들이 원하는 것과 정반대로 보입니다. 이러한 가치관의 단절이 나타나는 건 사람들이 행복이란 저절로 얻어지는 것이라고 믿고, 행복하지 못할 때는 무의식적으로 주변을 원망하기 때문입니다. 그렇지만 주어진 상황에도 불구하고, 어쨌든 행복은 매 순간의 선택입니다. 의식적으로 행복을 추구하는 선택을 함으로써 행복을 얻을 수 있다는 말이에요.

《행복을 선택하는 방법: 극단적으로 행복한 사람들의 아홉 가지 선택—그들의 비밀, 그들의 이야기(How We Choose to Be Happy: The 9 Choices of Extremely Happy People—Their Secrets, Their Stories)》라는 책에서도 비슷한 이야기를 소개하고 있습니다. 이 책에서는 사람들로부터 '행복한 사람'이라고 인정받는 300여 명과의 인터뷰를 바탕으로 행복을 성취하는 비결을 상세히 기술하고 있습니다. 이 사람들은 상당히 어렵고 도전적인 어린 시절을 보냈지만 그들의 어린 시절이 성인이 된 자신에게 부정적인 영향을 주지 못하게 만들겠다고 결심했습니다. 저자 릭 포스터(Rick Foster)와 그레그 힉스(Greg Hicks)는 인터뷰를 진행하면서 '행복의 모험은 행복을 향한 의도에서 시작된다'는 깨달음을 얻었다고 합니다.

사람은 우울증, 불안, 만성적인 고통에 시달릴 수 있고, 어떤 화학적 불균형이나 비극적 상황 등으로 인해 정신적 · 육체적 건강에 영향을 받을 수도 있습니다. 그런 이들은 지속적인 행복을 얻는 것을 더욱 어려워합니다. 그러나 행복을 선택한다는 것은 삶의 어려움을 유쾌한 색으로 덧칠하고 "멋지지 않나요?"라고 설득하는 것이 아닙니다. 고통은 삶의 일부이고 때로는 큰 교훈을 주는 스승이기 때문에 우리는 그것을 존중해야 합니다. 자신이 겪었던 아픔의 결과로 행복을 소중히 여기는 방법을 배운 사람들이 많습니다.

마음챙김의 가장 큰 선물 중 하나는 살면서 부딪히는 가장 도전적이고, 어렵고, 감정이 북받치는 순간에 대처하는 방법을 가르쳐 준다는 것입니다. 그 순간에 당신이 완전히 압도당하거나 부엌으로 달려가서 습관적으로 먹을 것을 찾지 않도록 도와주죠. 당신이 괴로움을 극복하고 스스로 발전할 수 있는 방법, 삶의 파도에 적응하면서 다치지 않고 목적지에 도착할 수 있는 방법을 알려줍니다.

당신에게 가장 소중한 것이 행복이라면, 행복해지겠다고 결심하세요. 그리고 그 결심을 토대로 당신의 정신건강과 안녕을 추구하고 인생의 즐거움을 다양한 방법으로 즐기세요. 지금, 당신은 결정할 기회가 있습니다. 당신은 행복을 선택할 용기와 헌신을 지니고 있나요? 행복을 선택하면 즐거움과 영양섭취를 위해 먹고, 자신의 몸을 사랑하고, 감사와 만족으로 삶을 색칠하려는 당신의 노력도 보상을 받을 것입니다.

첫째, 최종 목표부터 결정하세요. 예를 들어서 "시시각각 펼쳐지는 삶의 순간에 인생에 대한 나의 답으로서 행복을 만들어나가겠다." 또는 간단하게 "행복해지기 위한 선택을 하겠다."라는 식으로요. 잠시 시간을 가지고 자신의 목표를 자신의 언어로 적어보세요. 목표를 적은 종이를 컴퓨터, 스탠드, 냉장고 등 매일 보고 읽을 수 있는 곳에 붙여두세요. 이 목표를 의도적으로 떠올리면서 그것이 어떻게 당신의 하루에 스며드는지, 당신의 마음을 위로하는지, 그리고 음식을 먹기 전에 잠시 멈출 수 있게 도와주는지 확인하세요.

둘째, 당신의 목표를 되도록 자주 확인하세요. 아침에 일어나면 살아있음을 느끼고 당신의 몸에게 감사하면서(3장을 참고하세요) 행복해지겠다는 결심을 되새기세요. 음식을 먹기 전에는 어떤 음식이 당신의 몸과 마음에 가장 큰 행복을 줄 수 있을지 생각해 보세요. 피할 수 없는 스트레스를 만났을 때는 심호흡을 하면서 행복해지겠다는 결심을 떠올리세요.

당신의 선택이 아닌 어떤 상황이 주어지더라도 당신이 선택한 행복 목표는 당신에게 평화와 침착함을 가져다 줄 것입니다. 항상 자신에게 물어보세요.

"행복해지려면 내가 어떻게 행동하고 어떻게 생각해야 할까?"

미소의 힘

32

제가 가장 좋아하는 마음챙김 연습 중 하나는 미소입니다. 제가 진행하는 스트레스 해소 수업에서 사람들은 요가 자세를 취하면서 동시에 미소를 유지합니다. 이제부터는 당신도 함께하면 좋겠어요. 그런데 놀랍게도, 이 과정을 꺼리고 저항하는 수강생들이 있습니다. 입꼬리 두 개를 위로 올리고 얼굴에 미소를 지으라는 요구는 익숙하지 않은 이들에게 조금은 도전적이고 섬뜩한 느낌이 들게 하나 봅니다.

공정하게 말하자면, 미소를 짓는다고 해서 내 안의 화와 분노를 감출 수는 없을지도 모릅니다. 정말로 그런 감정을 숨기고 행복해지려고 하는 의지가 없는 사람이라면 더더욱 그렇겠죠. 하지만 사실 미소와 긍정적인 기분으로의 전환은 서로 밀접한 관련을 맺고 있다는 강력한 증거가 있어요. 예를 들어 웃음은 긍정적인 감정과 동기부여 조절에 필수적이라고 알려진 엔도르핀, 도파민, 세로토닌의 분비를 촉발합니다. 이런 호르몬은 당신의 기분을 나아지게 만들려고 대기하고 있는 열정적인 존재들이죠.

아, 웃기가 어렵다고요? 걱정 마세요. 진심에서 우러나오는 미소도 좋지만, 의도된(일부러 짓는) 미소 또한 스트레스와 걱정을 줄여줄 수 있습니다. 당신의 얼굴을 미소 자세로 바꾸면(이 동작의 이름은 '스마일 요가'입니다) 그것은 유쾌한 경험에서 우러나오는 자발적 미소와 마찬가지로 당신의 뇌를 자극하여 기분을 좋게 만듭니다.

제 말을 무조건 믿을 필요는 없어요. 지금 바로 미소를 지어보면서 당신에게 무슨 일이 일어나는지 확인해 보세요. 아니면 더 어려운 조건에서 테스트해도 좋겠네요. 화가 났을 때 일부러 미소를 짓고 당신의 감정이 어떻게 변하는지 보세요. 저는 이것을 여러 번 시도해 보았는데, 웃으면서 화를 내기가 매우 힘들더라고요. 저는 마침내 포기하고 그냥 행복하다고 인정했어요. 이런!

웃으면서 돌아다니면 매우 흥미로운 일이 일어난다는 사실도 알아차릴 수 있을 거예요. 많은 사람들이 (만약 그들이 스마트폰을 보고 있지 않고, 또 당신의 미소를 그리워하고 있었다면) 당신을 향해 다시 웃어줄 것입니다. 웃음에는 전염성이 있어요. 그리고 웃는 사람이 더 매력적으로 보입니다. 누군가에게 웃어주면서 친근함과 친절함을 나타낼 수 있고, 환하게 웃는 사람을 보면서 유대감을 느낄 수도 있습니다. 웃음으로 좋은 기운을 더 많이 전달하면 어떨까요? 전염병 때문에 마스크로 가려진 사람들의 입은 볼 수 없어도 눈웃음 덕에 '여전히 우리는 하나'임을 떠올릴 수 있겠죠.

그렇다면 마음챙김과 미소의 상관관계는 어떨지 궁금합니다. 제가 정말 좋아하는 두 가지 훈련법이거든요. 여기에 관해서는 패멀라 스트레이서(Pamela Strasser)가 이스트런던대학교 대학원생이었을 때 수행한 흥미로운 '미소 명상 실험'이 도움이 될 것 같습니다. 마음챙김을 실천하면 심리적 · 신체적으로 안정을 찾을 수 있고 뇌의 좌측 전엽이 활성화되어서 긍정적인 감정을 나타낸다고 알려져 있죠. 미소도 긍정적인 심리적 · 생리적 반응을 자극한다고 하고요. 자, 과연 마음챙김이 미소의 장점을 강화시킬까요?

실험집단은 7일 동안 1일 3회, 5분씩 미소 명상을 연습했습니다. 그 결과, 명상을 연습하지 않은 통제집단에 비해 자신에 대한 감사, 타인에 대한 공감이 크게 늘었습니다. 마음챙김은 유쾌한 감각과 그에 따른 생각 및 감정을 의식하고 음미하게 함으로써 미소의 효과를 배가시켰습니다.

틱낫한(Thich Nhat Hanh)은 이렇게 말씀하셨죠.

> "때로는 기쁨이 미소의 원천이지만, 때로는 당신의 미소가 기쁨의 원천이 될 수도 있습니다."

이 간단하고 자연스러운 방법이 음식이나 카페인, 쇼핑, SNS 등 오래가지 않는 일시적인 수단들 없이도 당신의 기분을 북돋아 줄 것입니다.

언제 어디서든 웃는 연습을 할 수 있지만, 여기서는 패멀라의 실험을 응용한 미소 명상법을 소개하겠습니다. 식사하기 직전 딱 1분만 투자하세요.

식사할 때는 편안한 자세로 식탁에 앉습니다. 눈을 감고 지금 있는 그대로의 자기 자신과 소통하세요. 숨을 충분히 들이마시고 모두 내뱉으세요. 이제 천천히 호흡을 가다듬으면서 부드럽게 미소를 짓습니다. 당신의 미소가 점점 커지도록 하세요. 당신의 얼굴, 마음, 그리고 나머지 몸에서 무슨 일이 일어나는지 주목하세요. 미소가 머리부터 발끝까지 온몸에 퍼지도록 하세요. 뼈, 근육, 장기(위장을 잊지 마세요!) 그리고 몸 안의 모든 세포로 당신의 미소를 느끼세요. 당신의 미소 그리고 당신이 먹으려고 하는 음식에 짧게 감사하세요. 이렇게 식사할 준비를 마치면 다시 천천히 호흡하면서 눈을 뜨고 즐겁게 식사를 시작합니다.

오직 나만을 위해

33

창의적이고 긍정적이고 기운을 북돋는 일, 즐겁고 재미있는 일을 하면 당신의 '감정계좌'에 잔고가 채워집니다. 나는 이들을 '나만을 위한 활동'이라고 부르는데요. 이는 감정을 만들고 유지하는 것을 도와주며, 자신의 감정잔고를 증가시킵니다. 당신은 스스로, 다른 누구의 도움도 받지 않고 혼자서, 그리고 모든 관계 중 가장 중요한 관계인 자신과의 관계를 잘 유지해 가면서 자신의 감정잔고를 채워야만 합니다. 긍정적인 감정을 쌓으면 힘든 상황에 직면했을 때도 간식이나 다른 유혹에 쉽게 흔들리지 않게 됩니다.

짐 뢰어(Jim Loehr)와 토니 슈워츠(Tony Schwartz)의 책 《몰입의 힘: 성과를 얻고 새로운 사람이 되고 싶다면 시간이 아닌 에너지를 관리하라(The Power of Full Engagement: Managing Energy, Not Time, Is the Key to High Performance and Personal Renewal)》에서도 비슷한 개념을 언급합니다. 네 가지 에너지, 즉 육체적 · 감정적 · 정

신적 · 영적 에너지는 신경을 써서 정기적으로 채워 넣어야 한다는 것이죠.

> "부정적인 감정은 이 네 가지 에너지를 많이 소비할 뿐만 아니라 비효율적이다."

> "반대로 즐겁고 새롭고 당신을 성장시키는 활동들은 이 네 가지 에너지를 증폭시킨다."

긍정적인 생각과 경험으로 감정잔고를 채우면 심리적 안정감과 회복능력도 강해집니다. 행복해지기 위한 기본기를 탄탄하게 갖추었기 때문에 어려운 상황이 닥쳐도 더 효과적이고 빠르게 다시 극복할 수 있습니다. 명상하고, 운동하고, 자신을 채우는 활동을 많이 하는 사람들에게는 스트레스에서 더 빨리 회복하는 이런 능력이 곧잘 나타납니다.

당신의 감정계좌가 비어있다면 그건 당신이 다른 사람들을 돌보는 데 에너지를 모두 써버렸기 때문입니다. 회사에서 일하고, 세탁물을 찾고, 저녁을 만들고, 축구하러 갔던 아이들을 픽업하고, 주중의 식사를 계획하고, 식료품 쇼핑을 하고, 빨래와 설거지를 하고, 집을 청소하고, 셀 수 없이 많은 뒤치다꺼리를 하죠. 사람들은 흔히 자신을 위한 시간이 없다고 말합니다. 저도 알아요. 살면서 해야 할 일이 참 많죠. 만약 당신이 주의하지 않는다면 이런 일상적인 일들이 당신의 모든 시간, 특히 자기관리를 위한 여유를 모조리 빼앗아 버릴 거예요.

'반드시 해야 하는' 집안일 목록을 변경해서라도 자신을 위한 시간을 챙기세요. 할 일 목록을 만들었다면 달력에 '나만을 위한' 시간도 예약합시다. 집안 청소 못지않게 자신을 위한 시간도 중요해요. 물론 이렇게 결정하기에 앞서, 이런 집안일들이 얼마나 중요한지 그리고 주변 사람들, 특히 아이들이나 배우자에게 당신의 역할이 얼마나 중요한지를 깊이 고민해 봐야겠지요.

오해하지 마세요. 저는 당신이 중요한 존재라고 확신해요. 하지만 달력에 당신이 '해야 할 일'만 잔뜩 써놓았다면 이유는 두 가지입니다. 다른 사람들이 스스로 해야 하거나 할 수 있는 일도 당신이 해야 한다고 생각했기 때문입니다. 그리고 또 한 가지, 자신을 소홀하게 대하고 있기 때문입니다. 자신의 안녕을 추구하고, 삶을 통제하며, 자신이 원하는 방식으로 먹으려는 사람이라면 결코 이래선 안 되겠죠.

'나만을 위한' 음식을 사고 만들면서 적극적으로 새로운 결정을 하고 새로운 음식을 시도하세요. 집에 있는 모든 사람이 이런 당신을 찬성하지 않더라도 당신 자신의 입맛에 따라 선택하세요. 이번을 계기로 삼아 당신의 호기심과 당신의 몸을 즐겁게 할 권리를 강력하게 주장하는 거죠.

여전히 "아, 그럴 시간이 없어."라고 한다면, 당신은 다른 사람들보다 이 과정이 더욱 필요합니다. 산책을 하고, 자신을 기쁘게 하는 음식을 만들어보세요. 당신을 위하는 행동이야말로 행복을 얻기 위해서 당신이 해야 할 가장 중요한 일입니다. 그리고 결과적으로는 가족들을 위한 모든 의무를 수행하는 당신의 능력을 키워줄 것입니다. 자신을 잃지 않으면서 성공적으로 살고 싶다면 바쁠수록 '나만을 위한' 시간이 꼭 필요해요.

바로 이 문장을 쓰고 나서 저는 글쓰기를 멈추고 산책을 나가 햇볕을 쬐고 왔습니다. 산책하는 동안 새로운 아이디어를 떠올렸고, 제가 좋아하는 명상 선생님으로부터 영감을 주는 메시지를 들었습니다. 그 덕에 저의 남은 하루는 더 활력이 넘치고 여유로워졌네요. 조급함을 버렸습니다. 나 혼자 보낸 시간에 감사함을 느꼈고, 일할 힘을 얻는다거나 현실에서 잠시 도피하기 위해 무언가를 먹지 않아도 괜찮았습니다.

당신은 오늘 자신만을 위해 무엇을 하셨습니까?

제 수업 시간에 수강생들에게 즐겁고 풍요로운 활동을 자주 하는지 물어보면 많이들 혼란스러워해요. 상당히 안타까운 일입니다. 사람들이 얼마나 기쁨의 원천과 단절되어 있는지를 알려주는 슬픈 증거죠. 그래서 매주 '자신만을 위해' 무언가를 하고 그 결과를 지켜보라고 당부합니다. 그들은 예전에 가족과 자주 해 먹던 요리를 다시 떠올리거나, 잊고 있던 취미활동을 되찾거나, 혹은 새로운 것을 시도하기 위해 용기를 냈습니다. 그리고 기쁨으로 환하게 빛나는 얼굴을 하고 다시 제 수업에 참석했지요.

현재에 집중하는 연습

먼저, 당신이 살아있음을 느끼게 해주는 '나만을 위한 활동'을 목록으로 만드세요. 피아노 연주, 정원 가꾸기, 요리, 스카이다이빙 등 무엇이라도 좋습니다. 스카이다이빙이라면 완전 끝판왕이네요!! 둘째, 먹고 싶은 음식의 목록을 만들되, 다른 외부 상황(또는 다른 사람)을 위해서 만들지는 마세요. 당신이 날마다 저녁으로 먹고 싶은 음식을 고르세요. 물론 당신의 가족은 당신의 바람과 상관없이 매일 같은 고기와 으깬 감자를 원할지도 몰라요. 당신이 고른 음식은 이전에 당신이 자신에게 허락하지 않았던 음식일 수도 있죠. 어떤 '전문가'가 그것이 나쁘다고 말했기 때문에요. 그렇지만 22장에서 제가 말했듯, 특정한 음식을 금지한다는 생각은 버리세요. 과식하지 않고 음식을 음미하면서 당신이 원하는 만큼 당신의 삶에 활용할 수 있습니다.

당신이 살아있음을 느끼게 하는 활동 그리고 당신에게 즐거움을 줄 식사(당신이 준비하든 하지 않든)를 위해 4주 동안 1주일에 1시간씩 투자하세요. 자신을 돌보는 일을 다른 사람들을 돌보는 일 못지않게 우선으로 생각하고 자신을 위한 일정을 계획하세요. 그러면 삶을 즐겁게 만들 방법을 깨닫게 되고, 정신없는 일과를 처리하다가 달콤한 간식을 도피처로 삼는 자신을 발견하게 될 가능성은 줄어듭니다. 달력에는 '나만을 위한'이라는 문구로 표시하세요. 처음 4주 동안 실천하고 나서 자신에게 물어보세요.

'내가 이 훈련을 평생 계속한다면 삶이 어떻게 달라질까?'

요가를 하고 춤을 춰봐요

34

자신에 대해서 부정적으로 말하고 몸에 대한 실망감을 표현하며 끊임없이 자신의 몸을 배척한다면, 그 몸이 나에게 주는 수많은 정보를 받아들이기 어렵겠죠. 요가, 춤, 태극권, 기공과 같은 운동을 추천합니다. 시간을 내서 몸의 이야기를 듣고 그 지혜를 따라서 부정적인 혼잣말을 줄여보세요.

파탄잘리(Patanjali)의 《요가 수트라(Yoga-sutra)》는 요가를 '마음 작용을 멈추는 것'으로 정의합니다. 저는 이 구절을 처음 읽고 크게 감탄했어요. 머릿속에 떠오르는 모든 생각(주로 부정적인 생각)에 관심과 공감을 하지 말아야만 당신에게 평안, 고요함, 행복감이 있다는 뜻이에요. 나쁜 생각에 몰두하지 않으려면 다른 대상이 필요하겠죠? 바로 자신의 호흡과 몸의 감각에 집중하는 것입니다.

방법은 여러 가지이지만 움직임을 포함한 방법이 특히 신체적 · 심리적 안정을 높이는 데 도움을 줍니다. 한 연구에서는 세 가지 일반적인 명상 방법, 즉 앉아서 하는 명상, 몸 살피기, 마음챙김 요가가 각각 어떤 결과를 가져오는지 알아보았는데요. 매주 세 차례 1시간씩 실천해 보니, 모든 방법이 강박적 사고를 줄이고 마음을 맑고 차분하게 만들어주었습니다. 특히 마음챙김 요가가 다른 두 방법보다 심리 안정에 상당히 큰 효과를 보였습니다.

또 다른 연구에서는 식이장애로 고생하는 여성들에게 크리팔루(Kripalu) 요가를 권유했습니다. 8주간 실천한 후에 통제군과 비교했을 때 실험군은 폭식 빈도가 현저하게 감소했으며, 감정조절의 어려움과 자기비판 경향을 극복했고, 스스로를 돌보려는 마음과 마음챙김의 의지가 강해진 것으로 나타났습니다. 크리팔루는 요가를 하는 사람이 자신만의 독특한 자세를 정하고(자기 능력에 맞는 자세를 취해서 부상 위험을 줄이려는 목적입니다) 조용히 명상하면서 자신을 스스로 치료하게끔 도와주는 요가입니다.

당신에게는 17장에서 제가 제안한 요가가 좋겠네요. 아직 시작하지 않았다면 지금 해보세요. 특히 당신이 요가 초보자라면 이 마음챙김 요가를 꼭 실천했으면 합니다. 다음 네 가지는 꼭 기억하세요.

- 연습 내내 최선을 다해서 깊게 호흡하세요.
- 몸의 안팎으로 느껴지는 감각에 주의를 기울이세요.
- 생각이 흐트러지려고 하면 다시 자신의 몸과 호흡에 집중하세요.
- 몸이 원하는 대로 움직이세요.

자, 5분만 짬을 내서 시작해 봅시다. 설명을 다 읽고 따라서 연습해 보세요.

❶ 똑바로 편안한 자세로 앉습니다. 의자에 앉거나 바닥에 쿠션을 깔고 앉아도 괜찮습니다. 척추를 곧게 펴고 정수리를 위로 향하게 합니다.
❷ 호흡에 집중하세요. 천천히 숨을 들이쉬고 내쉽니다. 숨을 들이쉴 때는 배(위장)와 갈비뼈, 위쪽 가슴을 부풀리세요. 반대로 내쉴 때는 위쪽 가슴, 갈비뼈, 배(위장) 순서로 움츠립니다. 배꼽을 척추 쪽으로 잡아당기면서 모든 공기를 몸에서 배출하세요. 당신의 마음이 더 침착하고 단단해질 때까지 몇 번 반복하세요.
❸ 숨을 깊게 들이마시면서 팔을 옆으로 뻗다가 머리 위로 올립니다. 숨을 내쉬면서 다시 팔을 옆으로 내립니다. 호흡과 함께 팔을 움직이며 5회 반복합니다.
❹ 왼손은 옆에 놓고 오른팔을 머리 위로 들어올리며 왼쪽으로 몸을 기울이세요. 몸의 오른쪽 부분이 스트레칭됩니다. 자세를 유지하면서 심호흡을 세 번 하세요. 반대쪽도 같은 동작을 반복합니다.
❺ 오른쪽 귀를 오른쪽 어깨 가까이로 내리고 턱으로 작은 원을 그리세요. 힘을 주지 말고 부드럽게 자세를 취합니다. 목은 신체에서 매우 부드러운 부위니까요. 심호흡하면서 반대쪽도 같은 동작을 반복하세요.

❻ 계속 심호흡하며 어깨를 뒤로 둥글게 원을 그리며 풀어 주세요. 9회 반복합니다.

❼ 가슴이나 배 위에 손을 올려놓고 눈을 감은 채 자신의 기분을 확인하세요. 자, 이렇게 요가 1세트가 끝났습니다.

바닥에서 하는 요가, 스탠딩 요가, 의자에서 하는 요가 등 다양한 동작이 궁금하다면 http://www.LynnRossy.com/multimedia를 참고하세요.

모든 운동은 스트레스를 줄여주고, 걱정을 잊게 합니다. 몸의 긴장을 풀어주고 피와 산소의 순환을 촉진하죠. 용기 내서 당신의 몸과 하나가 되세요. (몸을 멀리하고 나쁜 말만 하던 과거는 잊으세요!) 몸의 움직임이 당신에게 주는 행복을 만끽하세요.

요가와 춤을 연습할 방법은 다양합니다. 정식 수업을 수강해도 좋고, 라디오를 켜고 거실에서 춤을 춰도 좋아요. 물론 가장 중요한 것은 실천이니까 달력부터 꺼내세요. 다음 주 한 주 동안은 5분에서 1시간 혹은 그 이상의 연습시간을 갖겠다고 표시해 놓으세요.

요가 수업이나 댄스 수업에 등록하면 좋은 점이 많아요. 요가를 처음 접하는 사람이라면 초급반이나 중급반에서 시작하세요. 춤은 사교댄스나 스윙댄스가 요즘 인기가 많더라고요. 건강과 행복을 위해서도 좋고, 새로운 사람을 만날 기회이기도 하죠. 즐겁게 움직이면서 얼굴에 번지는 미소를 스스로 느껴보세요.

마트에서 줄을 설 때 요가 동작을 연습하고, 근무시간에 사내방송에 맞춰서 자유롭게 춤을 춰요. 과감히 틀을 깨고 당신만의 독창적인 방법으로 움직이는 즐거움을 발견하세요.

감사함이 주는 축복

35

삶의 안정과 기쁨을 누리는 데 필요한 감정들이 많이 있지만, 그중에서도 감사함은 이미 당신이 가지고 있거나 받은 것을 인정하는 특별한 감정입니다. 당신의 삶에서 부족함이 아닌 풍요로움을 발견하세요. 이런 사고방식이 당신에게 훨씬 더 많은 기쁨을 가져다줍니다. 어느 유명한 명상 강사는 "행복이란 자신이 가진 것에서 희망을 찾고, 갖지 못한 것에서는 찾지 않는 태도"라고 명확하고 간결한 결론을 내렸습니다. 괴로움보다 축복에 집중하면 자기 삶에 더 만족하고, 다가오는 일주일에 더 큰 기대를 품게 되며, 몸에 대한 불평을 줄이고, 더 많은 운동시간을 가질 수 있다는 연구 결과도 있습니다.

그렇다면 감사함이란 정확히 무엇이고, 당신은 어떻게 그것에 도달할 수 있을까요? 감사함은 감정, 태도, 도덕적 가치, 습관, 성격, 대응반응 모두를 포함하는 개념입니다. 당신은 이미 감사하는 마음을 가지고 있지만 그 마음을 더 크게 키워보세요. 정서적 · 사회적 안정감 그리고 역경에서 회복할 수 있는 능력이 길러진답니다.

감사일기를 쓰고, 감사하는 사람에게 편지를 보내고, 오늘 경험했던 감사할 일 세 가지를 기록해 보세요. 《신경망을 타고 흐르는 행복: 만족감, 침착, 자신감에 관한 새로운 뇌과학(Hardwiring Happiness: The New Brain Science of Contentment, Calm, and Confidence)》의 저자 릭 핸슨(Rick Hanson, 심리학자. UC 버클리의 '더 큰 행복을 위한 과학연구소(The Greater Good Science Center)' 선임연구원으로, 뉴욕타임스가 선정한 베스트셀러 작가이다.-옮긴이)은 한 가지 주제를 정해서 30초 동안 그것에 감사하라고 말합니다. "신경망이 몸 안에 다시 연결되기 시작하는 데 걸리는 시간이자 감사하는 태도가 확립되는 데 필요한 시간이 바로 30초"이기 때문이죠.

감사하는 마음을 가지면 긍정적인 태도로 자신을 대할 수 있습니다. 감사하는 마음이 당신의 신체가 가진 아름다움을 당신에게 보여주거든요. 한 연구에서는 참가자들에게 자신의 몸에서 고마운 부분(건강이나 외모, 신체의 기능성 등)을 최소 5개 이상 생각해 내고, 1분 정도 시간을 들여 머릿속에 그려보게 했습니다. 이후 3개를 선택해 감사하는 이유를 적어보게 했습니다. 그 결과, 이들은 자신의 몸무게, 외모, 신체에 대한 만족도가 다른 참가자에 비해 월등히 높게 나타났습니다. 인지적 재구조화 요법과 감사를 비교한 또 다른 연구에서는, 감사가 신체에 대한 존중을 높이고, 신체에 대한 불만을 줄이며, 역기능적인 식사와 우울 증상을 감소시키는 데 더 효과적이라는 것을 발견했습니다.

식사시간을 활용해서 감사하는 마음을 되새겨 보면 어떨까요? 다음 식사 때는 식사를 시작하기 전에 음식에 감사함을 표현해 보세요. 음식을 만든 모든 단계에 감사하는 겁니다. 씨앗, 씨앗이 심긴 흙, 씨앗이 자랄 수 있도록 도와준 비, 식물이 자라는 데 필요한 태양과 날씨, 그것을 재배하고 수확한 농부들, 농산물을 가게로 운반해 준 트럭 운전사, 선반에 농산물을 진열한 점원들, 당신을 맞이해 준 점원, 그리고 그 음식을 준비해 준 사람(아마도 당신이나 가족이겠죠). 당신이 먹는 음식을 매개로 한 세계와의 연결고리를 인식하고, 당신이 얻게 될 영양분에 감사하세요.

현재에 집중하는 연습

이 장에서 소개한 방법들 중에서 특히 자신의 신체 및 그와 관련된 모든 것에 집중하는 방법을 연습해 봅시다.

종이와 펜이 필요합니다. 3분 동안 당신의 몸에서 감사할 만한 모든 것을 적으세요. 다시 말하지만 당신의 건강, 당신이 특히 좋아하는 외모, 그리고 당신의 몸이 매 순간 수행하는 기능을 모두 포함해서 생각하세요. 일단 적어놓은 다음 1분 정도 심호흡하면서 당신의 메모를 떠올리세요. 메모에서 다시 세 가지를 선택하고 그 이유를 좀 더 구체적으로 적으세요. (예를 들어, "세상의 아름다움을 볼 수 있게 해주는 내 눈에 감사해." "맛있는 음식 냄새를 맡을 수 있는 코에게 감사해." "나를 자연으로 인도해 주는 두 다리에 감사해.") 더 깊이 있게 상상하고 쓰기를 반복하다 보면, 당신의 삶에서 감사함을 찾아내는 더 강한 신경경로가 만들어질 거예요.

이루고 싶은 목표가 생겼다는 사실 그 자체에 감사하면서 결과는 운에 맡길 수도 있습니다. 제 남편이 이 방법을 아주 오랫동안 실천하는 모습을 봤는데 결과는 정말 놀라웠습니다. 사례를 하나 소개할게요. (꽤 달콤한 이야기입니다.) 남편은 저를 만나기 전날 하늘에 '내 인생의 동반자를 보내달라'고 부탁했고, 그대로 이뤄질 거라 믿으며 미리 감사 인사도 했다고 해요. 우리는 다음 날 마주쳤죠. 즉 무언가에 감사나 고마움을 느끼고 마치 소원이 이뤄진 것처럼 행동하면 그 에너지가 우리의 목표를 정말로 이뤄준다는 겁니다. 또 원하는 것을 얻든 그렇지 않든 상관없이, 감사하는 마음과 "고마워."라는 인사만으로도 우리는 더욱 행복해집니다. 그런 행동에는 우리를 치유하는 힘이 있으니까요.

자신에게 '사랑이 깃든 친절'을 선물하세요

36

초창기 주말 명상수행에서 저는 나 자신과 주변의 모든 존재에게 무조건적인 친절을 보내는 '사랑이 깃든 친절' 훈련에 집중했습니다. 좋은 생각인 줄 알았는데 막상 시도해 보니 그 반대였습니다. 나 자신과 모든 것에 '사랑이 깃든 친절'을 보내려 했을 때 나에게 되돌아온 것은 크고 압도적인 판단의 목소리였죠. 저에게는 꽤 고통스러운 경험이었습니다. 괴물이 내 마음을 지배하게 된 건가, 아니면 늘상 그랬으면서 전에는 눈치 채지 못했던 건가 싶었어요. 물론 둘 중 어떤 경우라도 저에게 위안이 되지 않았습니다. 하지만 해가 지나면서 그것이 '그저 생각'일 뿐임을 조금씩 이해하게 됐고 더 이상 신경 쓰지 않게 됐습니다. 깨닫는 데는 시간이 걸렸지만, 그것은 감정적으로 그들과 끈을 풀어내기 시작한 과정이었어요.

이런 이야기를 하는 이유는 '사랑이 깃든 친절'을 시도하는 것이 곧바로 사랑의 마음과 감정으로 연결되는 것이 아님을 알려주고 싶어서예요. 지속적인 연습을 통해 자기 자신과 모든 존재에게 무조건적인 친절을 보내세요. 천천히 하다 보면 마음이 열리는 순간이 찾아옵니다. 하지만 시간이 걸리고, 어떤 감정이 찾아올 것이라는 기대 없이 연습하는 것이 좋아요. 마음은 방법을 알고 있습니다. 당신은 마음이 인도하는 대로 따라가세요.

사실, '사랑이 깃든 친절'은 흔히 말하는 사랑과는 다릅니다. 여기에는 조건이 붙지 않거든요.

"내가 원하는 조건을 충족한다면 너를 사랑할게. 너도 나를 어떤 방식으로 사랑해 줘."

"5년 전에 산 바지가 아직도 몸에 맞으면 넌 내 사랑을 받을 자격이 있어."

'사랑이 깃든 친절'은 누군가에게 반해서 그 사람의 근사한 점을 찾아내고 열정을 불태우는 로맨틱함이 아니에요. 초라하고, 구속하고, 조건적이고, 이기적이고, 상황에 따라 좌우되는 그런 사랑이 아닙니다.

'사랑이 깃든 친절'은 마음에 집중합니다. 마음속 친절과 연민이라는 주제는 현재 상태를 강조하는 요즘 마음챙김 훈련에서 종종 뒷전으로 밀려나기도 합니다. 그런데 인도의 명상가 디파 마(Dipa Ma, 인도 및 아시아 그리고 미국에서 불교 위주의 명상을 가르친 유명한 교사-옮긴이)는 이렇게 말했죠.

> "내 경험으로는 '사랑이 깃든 친절'과 '마음챙김'은 다르지 않다."

그리고 미국의 명상가 아미타 슈미트(Amita Schumidt)는 디파 마에 관한 책에서 이렇게 언급했습니다.

> "디파 마의 말대로 사랑과 깨달음은 하나다. 당신이 완전히 사랑에 빠졌을 때 당신은 마인드풀(마음챙김) 상태이지 않은가. 그리고 마음챙김을 실천할 때, 그것이 바로 사랑의 본질이 아닌가."

'사랑이 깃든 친절'을 위한 몇 가지 문구를 반복함으로써 집중력을 높일 수도 있습니다. 이 문구들은 정식으로 알려진 내용은 아니지만, 위대한 사상가에게서 다른 사상가로, 한 사람에게서 다른 사람에게로 비슷한 내용이 이어져 왔습니다. 제게 큰 감동을 주었던 문구들을 소개할게요. 물론 당신이 원하는 대로 바꿔 말해도 좋습니다.

> "내적 · 외적 해로움으로부터 당신이 안전하고 보호받기를 바랍니다."
> "평안하고, 만족하고, 있는 그대로 행복하시길 바랍니다."
> "당신이 할 수 있는 만큼 건강하고 강해지기를 바랍니다."
> "기쁨과 여유를 가지고, 또 다른 사람들과 조화를 이루며 살아가길 바랍니다."

주위의 다양한 사람들에게 '사랑이 깃든 친절'을 베푸는 시간을 정해두세요. 멘토나 선생님에게, 당신 자신에게, 사랑하는 친구에게, 알고 지내는 사람들에게, 어려운 일을 겪고 있는 사람들에게, 그리고 마지막으로 모든 사람에게 말이죠. 이들 모두에게 공평하게 시간을 분배해도 좋고, 특정 인물에게만 상당한 시간을 투자해도 좋습니다. 어느 쪽이든 당신에게 좋은 쪽으로 선택하면 됩니다.

저는 일상적으로 연락하는 이들에게 '사랑이 깃든 친절' 문구를 보내는 연습을 합니다. 화가 났거나, 짜증이 났거나, 불만스러워하는 이들을 보면 그들에게 '사랑이 깃든 친절'을 보냅니다. 내가 누군가에게 실망하게 되었을 때는 나 자신에게 보내주고, 우리 모두 최선을 다하면서 살고 있을 뿐임을 기억하려고 노력합니다. 자, 이제 당신에게 권할게요. 그날 만나는 모든 사람에게 '사랑이 깃든 친절'을 아낌없이 주세요. 식사하기 전에 자기 자신에게 '사랑이 깃든 친절'의 문구를 보내주세요. 마음을 가다듬고 이 식사가 자신에게 얼마나 소중한 것인지 알려주세요. '사랑이 깃든 친절'은 결코 마르지 않습니다. 더 많이 베풀수록 자신에게 더 많이 채워지니까요.

당신의 몸에게 '사랑이 깃든 친절' 문구를 정식으로 선물할 시간을 가지세요. 그런 시간은 많을수록 좋습니다. http://www.LynnRossy.com/multimedia에서 〈Body Lovingkindness〉 녹음파일을 활용해도 좋고, 문구를 직접 읽어도 좋습니다.

눈을 감고 마음에 집중하세요. 숨을 깊이 들이마셨다가 가볍게 내쉬세요. 이모나 삼촌, 할머니, 할아버지, 엄마, 아빠, 또는 좋아하는 반려동물이 당신을 무조건 사랑해 주었다고 느꼈던 때를 떠올리세요. 그들이 당신과 함께 보냈던 시간, 그들이 준 허심탄회하고 조건 없는 보살핌과 관심을 떠올리면서 사랑받는 느낌을 기억해 보세요. 가슴 위에 가볍게 손을 올려놓아도 좋아요. 숨을 들이쉬면 가슴이 부풀어 오르고 숨을 내쉬면 가라앉는 느낌을 느껴보세요.
계속 심호흡을 하면서 자신에게 부드럽게 속삭여주세요. 이 글자들이 당신의 마음으로 날아온다고 상상하세요.

- "내가 안전하고 보호받길."
- "내가 평안하고 만족스럽길."
- "내가 건강하고 강해지길."
- "기쁨과 여유가 나와 함께하길."

반복해서 자신에게 말하세요. 천천히 하세요. 서두를 필요 없어요.

한마디가 끝날 때마다 잠시 멈추고 당신의 소망이 마음을 통해 몸 안으로 들어와 머리부터 발끝까지 모든 세포에 선함과 빛을 불어넣는 모습을 상상하며 진심으로 기도하세요. 원하는 만큼 계속하세요. 그런 다음 사랑의 에너지로 둘러싸인 당신의 일상으로 돌아가세요.

자기 자신을 축하해 주세요

37

제가 자영업을 시작했을 때 다른 사람들의 충고가 도움이 많이 되었습니다. 저는 상당히 주체적이고 방향성이 뚜렷한 사람이지만, 가장 중요한 일에 집중하는 방법과 하루의 일에 맞춰서 일정을 잡는 방법에 대해 배우고 싶었죠. 그러던 어느 날 연례 이사회 수련회에 참석했을 때 한 동료가 연간 플래너를 열심히 기록하는 것을 보았어요. 손으로 쓰는 플래너는 구식이라고 생각했는데, 플래너에 대한 그녀의 열정이 저의 생각을 바꿔놓았습니다. 그리고 이제는 플래너를 기록하는 일이 제 삶에 많은 도움이 되었다고 자랑스럽게 말할 수 있습니다.

저의 플래너는 제가 해야 할 일에 집중하도록 도와줄 뿐만 아니라 기대하지 않았던 흥미로운 선물까지 선사해 준답니다. '이번 주의 기념하고 축하할 일'을 적으면서 내가 이룬 성과를 인정하고 잘한 일들을 축하할 수 있는 것이죠. 할 일 목록을 급히 정리하느라 바빠서 아쉽게도 이미 이뤄놓은 많은 성과들을 축하하는 데는 거의 신경을 쓰지 못하잖아요. 그리고 자신의 단점에 몰입하다 보니 정작 장점을 칭찬하지 못하고 있죠. 정신없이 먹고 혹은 너무 많이 먹었던 일만 문제 삼으면서 당신이 영양분을 잘 섭취하고, 만족감을 느끼고, 그저 충분히 잘 먹었던 시간은 간과하지 않나요?

당신 자신에게 축하한다고 말해주세요. 이는 긍정적인 감정을 불러일으키지만 사람들이 잘 모르고 인정하지 않는 전략입니다. 자신이 잘 해낸 것, 기분이 좋은 것에 대한 공로를 인정하면서 당시 감정을 다시 떠올릴 수 있어요. 능숙하고, 성공적이고, 배려심 많고, 민감하고, 신뢰할 수 있는 자신의 모습에 대한 성찰은 스스로를 더욱 따뜻한 시선으로 바라보게 해줍니다. 당신의 마음은 (모든 마음들과 마찬가지로) 부정적인 것에 주목하고 긍정적인 것을 무심코 지나치곤 하거든요. 그러니까 당신의 가치를 스스로 깨닫고 기억하는 과정이 꼭 필요합니다.

예를 들면 너무 많이 먹어서, 혹은 나쁜 음식을 먹어서 자책했던 시간을 돌이켜 보세요. 분명히 자신을 비난했던 경험이 있을 거예요! 이제는 그러지 않아도 됩니다. 당신의 몸이 원하는 음식을 확인하기 위해 시간을 쓰고, 몸이 원하는 음식을 먹고, 너무 배가 부르기 전에 먹기를 멈췄던 자신의 모습 역시 인정하고 축하해주세요. 그리고 자신의 몸과 이렇게 친근한 관계를 형성하면서 어떤 느낌을 받았는지 돌아보세요. 먹은 음식과 먹고 나서 느낀 기분을 떠올려 보세요. 경험을 생생하게 떠올릴수록 자신을 더 많이 칭찬할 수 있습니다. 이런 시간을 더 많이 가진다면 당신의 인생은 어떻게 달라질까요?

자신의 몸을 소중히 여겼던 모든 순간을 인정하고 축하해 주세요. 산책하려고 밖으로 나왔을 때, 몸에 맞는 새 옷을 사서 기분 좋게 입었을 때, 그리고 충분한 휴식으로 기운을 되찾았을 때 등등. 혹시 거울을 보면서 "야, 난 네가 정말 마음에 든다!"라고 말해준 적이 있나요? 그때 당신의 몸은 어떤 느낌이었으며, 어떤 감정들이 존재했고, 당신은 무슨 생각을 하고 있었나요? 자신을 인정하고, 매일 자신의 행복을 위해서 하는 행동들에 축하 인사를 건네세요. 그것만으로도 긍정적인 효과가 나타나요. 성심성의껏 축하하세요. 그렇게 해서 자신에게 행복을 주는 행동을 습관으로 만드세요.

하루가 끝날 때마다 자신을 인정하고 축하해 주세요. 최대한 많이 떠올려서 글로 적어보세요. 사소한 것도 좋습니다. 당신은 잠자리를 정돈했고, 마음에 드는 옷을 입었고, 거울에 비친 나에게 덕담을 건넸고, 급한 사람이 먼저 지나가도록 고속도로에서 차선을 양보했고, 은행 직원과 웃으며 작은 대화를 나누었습니다.

음식을 먹을 때도 당신은 칭찬받을 일을 했습니다. 오늘은 아침을 직접 만들어 먹었죠. 점심에는 회사 밖으로 나가 식사했습니다. 내가 만족할 때까지 먹었고, 스트레스를 해소하기 위해 음식에 의존하지 않았습니다. 먹기 전에는 진정으로 원하는 음식을 찾기 위해 잠시 멈추기도 했어요. 당신은 죄책감 없이 초콜릿을 맛있게 먹었고, 배가 고프지 않을 때는 음식을 먹지 않겠다고 다짐했어요.

다른 일들도 말해줄게요. 당신은 회사에서 프로젝트를 마쳤습니다. 까다로운 내용의 업무 메일을 작성했어요. 직장동료의 영역을 존중해 주었고요. 동료들이 뒤처져 있어서 그들의 일을 도와주었습니다. 몸이 안 좋은 친구에게 음식을 가져다주기도 했어요. 아이의 숙제를 도와주면서 인내심을 발휘했군요. 와, 당신이 칭찬받을 일은 무궁무진하네요. 찾아내느라 길게 고민할 필요 없겠어요. 당신은 매일 많은 일을 해내는 사람이니까 그런 당신을 인정하고 축하해 주세요. 그리고 당신이 느낀 감정을 소중히 간직하세요.

권한은 당신에게 있습니다

38

제가 강사로 일했던 웰니스 센터에서 있었던 일입니다. 우리는 한동안 무척이나 혼란스러웠습니다. 웰니스 팀 운영에 익숙하지 않은 네 명의 매니저가 불과 1년 동안 번갈아서 센터에 근무했거든요. '최종결재자'가 없는 회의가 매주 열렸고, 참석한 사람들은 각종 프로젝트의 진행방식을 두고 몹시 우왕좌왕했습니다. 전에는 매우 똑똑하고 효율적인 '최종결재자'가 있었죠. 그러나 그녀는 오래전에 떠났습니다. 그럼 어떻게 해야 할까요?

저는 이렇게 발언했습니다.

"모두 자신이 가진 권한을 인정하고 활용합시다. 체포되지 않는 한 마음껏 하자고요."

다들 놀라서 잠시 말이 없더니 마침내 웃으며 대답해 주더군요.

"맞아요! 그게 우리가 할 일이죠."

그들은 이렇게 외쳤습니다.

저는 그들이 이미 알고 있지만 자신을 믿지 않았기 때문에 그

동안 실천하지 못했던 것을 깨닫도록 도와주었을 뿐입니다. 이 변화는 우리 팀의 승부수가 되었습니다. 우리는 곧 생산성과 효율을 되찾았습니다.

그날 웰니스 팀의 일원으로 회의에 참석했던 제니퍼는 그 일에 대해 이렇게 말했지요.

"권한은 정말 강력한 단어예요. 제 삶을 바꾸는 철학이 될 거예요. 그리고 그저 인간답게 살아가는 데에도 누군가의 허락을 기다리던 여성들에게 힘을 줄 거라고 믿습니다. 의심의 여지가 없습니다. 이 말을 계속 떠올릴 거예요. '자신의 권한을 인정하라. 체포되지 않는 한 마음껏 행동하라.' 그리고, 사실, 체포될 일도 없어요!"

이 이야기를 마음챙김 식사에도 쉽게 적용할 수 있습니다. 현대사회의 가장 불행한 일 중 하나는 많은 사람이 잘못된 방향으로 향해 있다는 것이죠. 자신의 내면을 이해하면 답을 찾을 수 있는 문제도 외부에서 제공하는 정보만으로 해결하려고 하거든요. 다이어트 책이나 웹사이트, 프로그램 등 정말 많죠. 그들이 주는 뒤죽박죽의 대체로 부정확한 메시지는 먹는 방법에 혼란을 주는 것을 넘어, 심지어 해롭고 부끄러운 태도와 행동까지 유도합니다. 어떻게 보일지, 어떻게 입을지, 어떻게 행동할지 대중매체가 보여주는 이미지는 우리 본연의 아름다움이나 독특함을 표현하지 못하고 그저 '인간'이라는 캐리커처를 내세웁니다. 네, 다들 길을 잃었어요.

첫째로, 먼저 자신의 몸, 마음, 생각을 들여다보세요. 그 속에는 무엇을, 언제, 왜, 얼마나 먹어야 하는지에 대한 답이 거의 다 있습니다. 어떤 다이어트 전문가도 그런 답을 줄 수는 없어요. 당신을 기쁘게 하는 방법으로 먹을 권한은 당신의 것이에요. 당신은 당신의 미각과 몸의 필요에 대해 전문가입니다. 당신의 몸이 하는 말을 들으세요. 전에 말했듯이, 당신의 몸은 언제나 당신과 대화를 시도합니다. 지금 어떤 음식이 맛이 좋을지, 에너지 보충에 무엇이 필요한지, 무엇을 얼마만큼 먹는 게 좋을지 알려주고 있어요.

둘째, 당신의 몸은 당신이 사는 귀한 공간입니다. 미디어에서, 혹은 다른 사람이 당신에게 당신 아닌 다른 사람이 되라고 강요하는 말을 따르지 마세요. 그것은 잘못된 길입니다. 가장 자연스럽고 아름다운 모습은 당신이 가진 문화적인 유산과 유전적인 재산을 있는 그대로 받아들일 때 비로소 나타납니다.

어떻게 당신이 자신 아닌 다른 사람이 될 수 있겠어요? 불가능합니다. 몸매, 나이, 머리카락, 주름, 피부색 등 자신의 몸이 가진 아름다움을 받아들이세요. 각각의 인간은 신의 숨결이며, 살아있는 동안 우리가 지켜야 할 신성한 임무는 자신을 돌보고 사랑하는 것입니다. 우리 모두는 자기 신체와 그것이 어떻게 보이는지에 대한 권한을 가지고 존중과 친절함으로 스스로를 대우해야 합니다.

자, 분명히 말하겠습니다. 자신의 식사와 신체에 대한 권한을 가지기 시작하면 당신의 인생은 달라질 것입니다. 사실, 당신이 이 좌우명을 삶의 다른 영역에도 활용한다면 모든 불행이 사라질 것입니다. 다른 사람의 허락을 구하지 않고 자신의 의지대로 행동해서 충분히 좋은 결과를 얻을 테니까요. 당신이 정말로 하고 싶은 일은 무엇인가요? 저는 가끔씩 사람들에게 이렇게 물어보고 싫어져요.

"당신에게 용기가 있다면 어떻게 행동하시겠습니까?"

용기를 내세요. 체포되지 않는 한 당신의 권한대로 마음껏 행동하세요.

음식을 먹는 방법, 외모를 가꾸는 방법을 다른 사람에게 또 물어보고 있나요? 더는 안 돼요. '권한을 갖자'라는 말을 기억합시다. 체포되지 않는 한 행동하는 거예요. 다른 사람의 말을 모두 버리고 당신의 몸이 가진 지혜와 마음의 직관에 반응하세요. 처음에는 불안하고 혼란스러울 거예요. 그럴 수 있어요. 잠시 멈추고 심호흡하세요. 그리고 다시 자신에게 물어보세요. 편안해질 때까지 계속하세요. 자신과의 관계가 깊어지면 그 편안함이 커지고 저절로 미소가 지어질 것입니다. 당신은 이제 어떻게 행동할지 알게 되고, 용기와 힘으로 권한을 갖게 되고, 체포되지 않는 한 자신의 권한대로 행동할 겁니다. 어쩌면 당신이 새로운 길을 찾아낼 수도 있어요. 아무도 당신을 방해하지 않아요. 자신의 의지와 진심대로 행동하는 사람을 멈추기는 어렵거든요.

만족하는 방법을 터득하세요

39

수년간 명상을 하면서 만족의 묘미를 깨달았습니다. 그 내용이 화려하지도 선명하지도 않아서인지 깨닫는 데 무척 오랜 시간이 걸렸지만요. 그것은 유쾌하거나 불쾌한 일을 겪을 때처럼 우리의 주의를 끌지 않습니다. 아니, 오히려 만족의 경험은 그것을 인정하고 독려하는 조금의 노력이 필요합니다. 그래서 저는 만족을 독려하는 훈련에 진지하게 참여한답니다. 제가 배운 교훈 중 가장 심오하고 가장 큰 치유능력을 가진 교훈으로 생각하니까요.

예전에 크리스티나 펠드먼(Christina Feldman)이 지도하는 수련회에서 유쾌한 감각, 불쾌한 감각, (유쾌하거나 불쾌하지 않은) 중립적인 감각에 초점을 맞춘 명상을 배웠어요. 우리는 각각의 경험에 주의를 집중한 후 그 결과를 확인했습니다. 제가 13장에서 언급했듯이, 긍정적인 경험은 '더 많이 원함'(또는 갈망)으로 이어지고, 부정적 경험은 종종 '덜 원함'(또는 밀어내기)으로 이어지며, 중립적인 경험은 '착각'(또는 지루함, 혼란)으로 이어집니다. 그런데 제가 그날 중립적인 경험에 몰두했을 때 발견한 것은 혼란이나 지루함이 아니라 심오한 만족감이었습니다. 제 얘기를 듣고 크리스티나는 담담하게 말했죠.

"맞아요. 저도 비슷한 경험을 했습니다."

당신은 삶의 모든 순간을 통해 만족감을 얻을 수 있습니다. 우선, 인생의 즐거운 경험부터 시작해 봐요. 당신이 지금까지 먹어본 피자 중에서 가장 맛있는 피자를 먹고 있다고 상상해 보세요. 제 마음에 쏙 들었던 피자는 오리건주 후드(Hood) 강에 있는 양조장에서 맛보았던 루콜라와 염소치즈를 얹은 피자였어요. 가는 동안 차창 너머로 보이던 컬럼비아(Columbia) 강의 아름다움과 쏟아지는 폭포, 그리고 먹기 전에 느꼈던 상당한 공복감 덕분에 정말 맛있게 먹었죠. 피자 자체가 맛있어서 '더 많이 원함'의 순간이 찾아왔습니다. 하지만 배고픔이 가라앉자 균형 잡힌 만족감이 느껴졌습니다. 배가 부르지만 지나치게 배부르지는 않았습니다. 입맛이 당겼지만 계속 먹지 않아도 된다는 사실을 알고 있었어요. 몸이 필요로 하는 영양을 채웠다는 만족감과 함께 더 큰 즐거움이 느껴졌습니다. 음식을 더 먹었다면 아마 이런 기분을 느끼지 못했겠죠.

이번에는 불쾌한 경험을 예로 들어볼게요. 미팅이나 모임, 파티에서 평소에 좋아하지 않는 음식이 나오면 기분이 좋지 않아요. 하지만 불평하거나 안 먹는 대신에 그 음식을 그냥 받아들입니다. 그런 일은 자주 일어나지 않으니까요. 제가 좋아하는 음식을 먹을 기회가 더 많아요. 확실히 그렇습니다. 그러니까 평소보다 덜 맛있는 걸 먹어도 괜찮아요. 먹고 나니 몸이 영양을 잘 흡수한 것 같지 않고 입맛에 만족스럽지 않지만 먹을 음식이 있다는 사실 그 자체에 만족했어요. 저는 더 나은 음식을 찾지 않고 다음 식사까지 기다렸어요.

이것이 가장 중요한데요, 세 번째는 유쾌하거나 불쾌한 감정 없이도 삶에서 경험할 수 있는 만족입니다. 당신의 삶에서 많은 시간이 여기에 속합니다. 기분 좋은 일에 사로잡히거나 불쾌한 일에 저항하지 않는 이 시간에 당신은 무엇을 하고 있나요? 잠자리를 정리하고, 커피를 만들고, 샤워하고, 여기저기 돌아다니고, 차를 몰고, 설거지하고, 바닥을 쓸고, 컴퓨터를 켜고, 이메일을 읽고, 옷을 입고, 빨래를 하고, 식료품을 사고, 아이들을 학교에서 데려오고 있죠.

머릿속으로 생각과 이야기를 꾸며내서 이 모든 일을 유쾌하거나 불쾌한 경험으로 바꿀 수도 있겠지요. 하지만 꾸미지 않은 자신과 현재를 만끽하면 잡고 싶은 것도 없고 버리고 싶은 것도 없어요. 현재를 그대로 받아들이면 만족이 찾아오니까 즐겁고 불쾌한 감정들이 오고 가도 신경 쓰지 마세요. 복잡한 자신의 머릿속에서 길을 잃고 '현재에 둔감해지면' 안 됩니다. 지금 하는 일에 집중하세요. 하지만 여유를 가지세요. 시간이 지나면서 지루함은 만족감으로 바뀌고, 그 만족감은 점점 커질 거예요.

현재에 집중하는 연습

이미 당신에게 찾아온 만족의 순간을 떠올려 보세요. 이것은 하루의 평범한 순간들에 존재합니다. 그 시간을 따분하다고 표현하지 말고 좋거나 나쁜 강렬한 에너지에 사로잡히지 않았음에 만족하세요.

숨을 크게 들이마시고 내쉬면서 당신의 삶을 되돌아보세요. 자, 삶은 이미 당신이 필요로 하고 원하는 것으로 가득 차 있습니다. 인정하세요. 당신이 만나는 사람들, 당신에게 보람을 주는 일, 당신이 소중히 여기는 당신의 자녀들, 당신에게 더 나은 조건을 제공하는 당신의 배경까지. 만족감을 키우고 싶다면 그들이 주는 축복을 의식적으로 인정하세요. 부정적인 생각이 떠오른다면 그대로 흘려버리고 당신이 가진 기본적인 만족의 감각으로 돌아오세요.

행복의 열쇠

40

마음챙김 공동체에는 '행복의 열쇠'라는 유명한 가르침이 있습니다. 제가 마음챙김 센터를 운영하고, 개인 경력을 쌓고, 인간관계를 맺고, 심지어 식사방법을 개선하는 것에까지 이 가르침은 큰 힘이 되었습니다. '행복의 열쇠'는 문화인류학자 앤절리스 애리언(Angeles Arrien)이 개발했는데요. 애리언은 화려한 수상 경력을 가진 작가이자 교육자이며 마음챙김 공동체의 창단멤버입니다. 애리언이 강조하는 행복의 열쇠는 다음의 네 가지입니다.

❶ 자신의 모습대로 현재를 만끽하고,

❷ 가치와 의미가 있는 것에 관심을 기울이며,

❸ 비난이나 판단 없이 진실을 말하고,

❹ 결과에 얽매이지 않고 있는 그대로 솔직하게 받아들이기

자신의 모습대로 현재를 만끽하는 태도에 관해서는 이미 당신과 제가 많은 이야기를 나누었습니다. 모든 행복이 이러한 태도에서 비롯됩니다. 그리고 단순하게 들릴지 모르지만, 제가 언급했듯이 우리는 현재의 시간 중 절반도 만끽하지 못하고 있어요. 행복을 얻기 위한 가장 필수적인 노력을 실천하지 않고 있는 것입니다. 음식을 먹으면서 반만 집중하고 있다면 맛을 느끼지 못하거나 충분히 만끽하지 못하겠죠. 당신의 위장이 '충분히 먹었다'고 신호를 보내도 모르고, '음식이 맛없다'고 호소해도 무시하게 됩니다. 음식으로부터 영양분과 즐거움을 모두 얻으려면 먹는 경험의 모든 측면에 관심을 기울여야 해요. 그러지 않으면 음식을 먹는 것은 그저 불확실한 결과를 가져오는 의미 없는 행동이 되고 맙니다.

두 번째, 가치와 의미를 지닌 것에 관심을 기울이세요. 이러한 관심이 당신의 가치관과 당신의 희망을 실현해 줄 것을 가까이에 두고 당신에게 덜 중요한 것을 멀리 두는 분별력을 키워줍니다. 또한 이런 태도는 당신이 음식을 영양 공급과 육체 성장의 수단만이 아니라, 더 나아가서 당신이 사는 세상을 지지하는 수단으로 여기도록 깨달음을 준답니다. 웬들 베리(Wendell Berry, 미국의 시인 겸 농부, 비평가. 기술을 무엇보다 신봉하는 현대문명에 의문을 제기하는 많은 글을 발표했다.-옮긴이)가 말했죠. "음식을 먹는 것도 농사"라고요. 광범위한 가치에 관심을 가지면 더 큰 행복과 기쁨이 당신을 찾아옵니다. 음식의 진정한 가치와 의미를 느낄 수 있게 될 테니까요.

세 번째, 비난이나 판단 없이 자신의 진실을 말하면, 다른 사람들을 당신에게 끼워 맞추거나 다른 사람들로부터 자신을 보호하지 않아도 돼요. 당신이 중심이 되어서 당신의 방식대로 살아가세요. 세상과 교류하고 조화롭게 사는 아름다운 방법이니까요! 음식을 통해서 진짜 당신을 발견하세요. 사람들은 저마다 독특하고 다른 방식으로 무엇을 어떻게 먹을지 결정할 수 있습니다. 당신의 정서적 건강, 신체적 건강, 활력, 균형을 채워주는 음식은 무엇인가요? 당신이 어떤 것을 언제, 얼마나 먹어야 하는지 진실을 알려줄 사람은 당신뿐입니다. 다른 사람은 그 누구도 할 수 없습니다.

마지막으로 결과에 얽매이지 않고 있는 그대로 솔직하게 받아들이는 것은, 다시 말해 기대에서 벗어난 결과를 기꺼이 받아들이는 태도입니다. 당신이 자신의 모습대로, 가치와 의미에 관심을 기울이고, 당신의 진실을 말할 때, 삶은 당신에게 응답합니다. 그 응답을 받아들이세요. 이는 다양한 음식을 경험하는 데 망설일 필요가 없다는 뜻으로도 해석할 수 있습니다. 한 번도 맛보지 못한 음식을 만들어보세요. 먹어보기 전에는 어떤 맛일지 미리 판단하지 마세요. 새로운 음식으로 자신을 놀라게 한 다음 무슨 일이 일어나는지 직접 확인하세요.

네 가지 열쇠는 당신이 현재를 만끽하게끔 도와줍니다. 당신은 이 순간에, 여기 있는 사람들, 당신 앞에 있는 경험, 그리고 일어날 수 있는 도전들에 '예스'라고 대답하게 됩니다. '예스'라고 하면 그동안 몰랐던 새로운 미래가 당신 앞에 펼쳐지고, '노'라고 하면 당신은 언제나 그 자리에 멈춰있을 뿐이에요. 멈춰있는 당신은 같은 행동을 하고 같은 결과를 얻겠죠. 타고난 자신의 모습에 충실하고, 중요한 가치에 관심을 기울이고, 진실을 말하고, 결과를 받아들여야만 삶이 주는 기회를 잡을 수 있지 않을까요?

먹기 전에 잠깐 멈춰요. 배고픔을 알아차리고, 먹고 싶은 음식을 고르고, 음식을 직접 준비하거나 구입하고, 즐거움과 존재감을 만끽할 수 있는 식사 장소를 마련하는 것 등에 의식적인 선택을 하세요. (예를 들어, 식사할 때는 테이블에서 스마트폰, 책, 컴퓨터를 치우세요.) 당신의 식사시간에 어떻게 더 많은 가치와 의미를 부여할 수 있을까요? 첫째, 식사 전에 잠시 멈추고 감사 인사를 할 수 있어요. 둘째, 몸에 영양을 공급하는 음식, 또는 즐거움을 주는 음식, 또는 두 가지를 모두 채워줄 음식을 선택해요. 셋째, 자신에게 묻고 답할 여유를 가지고 식사합니다. 넷째, 다른 사람의 생각이 아니라 진짜 당신의 생각에 따라 행동하세요. 음식으로 당신의 진실을 드러내고 스스로 익숙해지세요. 마지막으로, 결과에 대해 개방적인 태도를 보여야 합니다. 다양한 음식을 마음껏 즐기세요. 한입 먹을 때마다 색다른 즐거움을 느끼면서 음식을 마음껏 음미하세요.

그리고 하나 더!

행복의 네 가지 열쇠를 삶 속에서 실천하세요. 현재에 충실한 삶은 어떤 느낌인지 확인하세요. 시간을 가지고 자신을 돌아보세요. 현재를 만끽하기 위해서 당신은 무엇을 할 수 있을까요? 명상? 요가? 당신의 삶에서 가치와 의미를 지닌 존재는 무엇이며, 이것을 더욱 키우려면 무엇을 할 수 있을까요? 매 순간, 매일, 매주, 혹은 다가올 해마다 당신의 진실은 어떤 모습일까요? 현재를 만끽하면서 해답을 찾아보세요. 마지막으로, 당신보다 더 큰 힘, 즉 운명에 당신의 노력을 보태고 그 결과를 받아들이세요. 당신은 당신의 일을 다 했어요. 세상의 이치대로 살면서 그 가치를 전하세요. 이들이 바로 당신에게 주어진 행복의 열쇠입니다.

모든 순간을 음미하세요

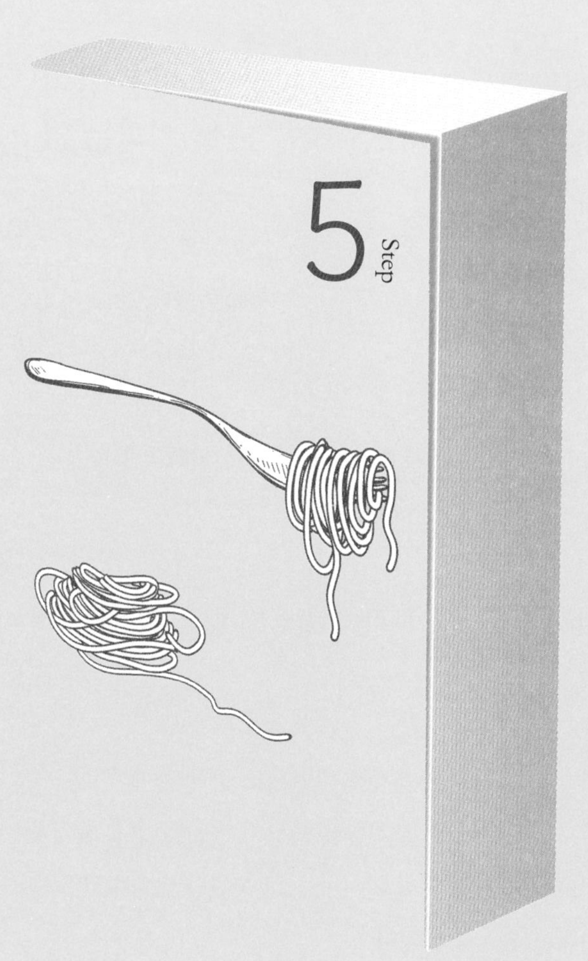

"시큼하든 달콤하든, 항상 그 맛을 음미하세요. 다시 그런 맛을 느낄 기회는 없습니다."

—에리카 알렉스(Erica Alex)

'음미한다'는 건 어떤 행동이죠? 긍정심리학의 설명을 들어봅시다.

"음미함은 곧 그것이 주는 기쁨을 이해하고 감사하는 태도이다."

어쩌면 당신은 즐거운 일을 경험하면서도 정작 음미하지는 못했을 거예요. 그 경험이 주는 기쁨을 몰랐기 때문입니다. 즐거운 일을 음미하려면 즐거운 일이 일어나는 그 순간을 만끽하고 그에 감사하는 마음을 품어야 합니다.

인생에서 도전과 고난을 부정할 수는 없어요. 하지만 인생을 음미하려고 노력할수록 즐거운 일을 찾아내는 능력도 더욱 강해진답니다. 얼마나 자주 그리고 어떤 상황에서 즐거운 일이 일어나는지 알아차리는 거죠. 그리고 '맛있는 음식, 새 신발, 월급인상 같은 순간의 즐거움(이기주의적 즐거움)'에 '의미 있는 일, 관용과 가치지향적 삶에서 느끼는 심오한 즐거움(이타주의적 즐거움)'이 더해지면 당신에게는 커다란 기쁨이 찾아옵니다. 두 가지 즐거움은 서로 충돌하는 사이가 아니라 서로를 도와주는 사이거든요.

매 순간을 만끽하면서도 그 어떤 것에도 연연하지 않고, 다만 더 오래 머물기를 바라세요. 이것은 불교에서 고통을 견뎌내는 방법입니다. 인생을 음미하고 싶다면 경험을 받아들이고, 그 경험을 놓아주고, 나중에 더 큰 즐거움이 찾아온다는 믿음을 가져야 합니다.

삶은 매일 당신에게 수많은 즐거움을 줍니다. 정성이 담긴 식사부터 아이가 첫걸음을 내딛는 것을 지켜보는 순간, 자신에게 중요한 목표 달성까지. '음미'는 의도적인 행동입니다. 긍정적인 감정을 더 오래 더 강하게 느끼려는 노력이지요. 우선 음식의 한입 한입을 음미하세요. 당신의 삶을 가득 채우는, 그렇지만 당신이 자주 잊어버렸던 모든 기쁨까지 음미하세요.

한입 한입 모두 음미하세요

41

자신도 모르게 음식을 입에 넣은 적이 있나요? 아니면 음식을 너무 많이 먹어서 식사 도중에 갑자기 배가 부르거나 몸이 조금씩 아팠던 적은요? 제 얘기를 들어주시겠어요? 당신만 그런 게 아니에요. 음식을 음미하는 방법을 가르치는 마음챙김 강의에서도 자주 있는 일이니까요.

그것을 처음 본 순간은 절대 잊지 못할 거예요. 워크숍에서 참가자들에게 '마음챙김 기본기'를 가르치면서 초콜릿을 두 개씩 골라 같이 연습해 보자고 말했거든요. 그런데 샤론이 무의식적으로 한 조각을 집더니 절 지나치면서 초콜릿을 휙 하고 입에 넣는 게 아니겠어요?

"잠깐만요! 같이 먹기로 했잖아요."

제가 큰 소리를 내는 바람에 샤론은 조금 당황한 것 같았어요. 하지만 저는 웃으며 그녀에게 다른 초콜릿을 집으라고 말했습니다. 샤론은 제 말대로 마음챙김을 모두 실천하고 나서 초콜릿을 다시 먹더니 이렇게 외쳤어요.

"정말 달라요! 처음 허겁지겁 먹었을 때는 맛을 전혀 못 느꼈는데 지금은 초콜릿의 쌉쌀함, 견과류의 질감, 소금의 짠맛이 입안에 가득해요. 이 초콜릿, 맛있네요!"

당신은 음식을 먹으면서 얼마나 많은 한입의 맛을 놓쳤을까요? 아마도 꽤 많을 겁니다. 의식적으로 노력을 하지 않으면 음식을 먹는 시간 중 절반도 집중하지 못한다고 제가 이미 말했어요. 음식 먹기 같은 일상적인 활동에도 집중하지 못하면 삶에서 즐거움을 찾기란 쉽지 않겠죠? 스트레스를 받았거나 조금만 산만해져도 먹는 것에 대한 관심까지 완전히 사라질 거예요. 여전히 먹고 있지만 음식에 집중하지 못하니 당연히 음미할 수 없죠.

현재의 경험에 최선을 다하는 마음챙김으로 이제부터 달라지세요. 어떤 연구에서, 특정 집단에게만 건포도를 곁들인 음식을 제공하며 10분간 마음챙김 식사를 하도록 유도했어요. 그런 다음, 마음챙김 식사를 실천한 집단과 그렇지 않은 집단 모두에게 (멸치, 프룬, 와사비콩 같은 것을 곁들인) 새로운 식사를 제공했어요. 그랬더니 마음챙김 식사를 실천한 집단이 그렇지 않은 집단보다 음식을 훨씬 맛있게 먹었다는 결과가 나왔어요. 늘 먹는 익숙한 음식(건포도)을 비판하지 말고 있는 그대로 받아들이면서 감사한 마음으로 먹는 연습을 해보세요. 평소에 좋아하지 않았던, 아니, 싫어서 잘 안 먹었던 음식까지도 예전보다 맛있게 먹을 수 있어요. 혹시 편식하는 사람과 같이 산다면, 그 사람에게도 이 방법을 권해보세요.

음식을 한입 먹기 전에도 얼마든지 음식을 음미할 수 있습니다. 우선 음식에 대해 생각하고, 음식을 보고, 음식 냄새를 맡는 행동 모두가 뱃속의 소화 과정을 자극할 테니까요. 당신이 먹을 음식에 대한 기대감이 당신의 즐거움을 증가시킵니다. 한번은 친구가 저에게 고구마, 루콜라, 와일드라이스에 생강 드레싱을 곁들인 샐러드 요리법을 보내줬는데요. 읽기만 해도 입에 침이 잔뜩 고이고 배가 꼬르륵 소리를 내더라고요. 음식을 준비하고 그 맛을 기대하는 과정이 있으면 그만큼 음식을 충분히 음미할 수 있어요.

물론 먹는 과정을 즐기면 그게 가장 좋아요. 음식은 입에 넣자마자 침에 들어있는 효소에 의해 분해되기 시작합니다. 그런 다음, 입안에서 음식을 움직이면 혀에 존재하는 몇 천 개의 돌기가 음식의 존재를 감지합니다. 돌기에는 각각 50개에서 100개의 미각세포가 있어요. 꽃을 피우기 직전의 꽃봉오리처럼 생긴 이 세포를 '미뢰'라고 부릅니다. 미뢰가 음식의 맛을 쓴맛, 단맛, 신맛, 짠맛, 그리고 우마미(Umami, 감칠맛을 이르는 일본말에서 온 용어-옮긴이)로 나눕니다. 이 복잡한 과정을 이해하면, 사실은 음식을 먹을 때마다 당신의 입안에 가득 퍼졌던 특별한 맛, 그동안 당신이 무심코 지나쳤던 그 맛을 찾아낼 수 있답니다.

과거의 순간을 되새기는 것도 음식을 음미하는 또 다른 방법입니다. 좋아하는 식당에서의 맛있는 식사, 엄마가 요리한 편안한 식사, 휴가 때 먹었던 특별한 간식을 떠올리세요. 여행하면서 먹은 음식도 좋아요. 저에게 여행은 그 나라만의 문화를 체험하고 새로운 음식을 맛보는 기회였습니다. 이미 맛있게 먹었던 음식의 경험을 회상하면서 당신에게 지금 주어진 한입을 만끽하세요.

비록 모든 음식을 음미하지는 못해도 음식에 더 많은 관심을 기울이고 그 경험을 감사함으로써 분명 음미하는 순간을 더 많이 경험할 수 있습니다. 모든 마음챙김 연습처럼 이번에도 관심이 사라질 때마다 친절과 관대함으로 음식을 먹고 감상하기를 반복하면서 다시 집중합시다.

음식의 모든 한입을 음미하는 경험을 위해, 이제부터 제가 알려주는 다섯 가지를 실천하세요.

❶ 식사 환경을 근사하게 바꾸세요. 식탁에 식탁보를 깔고 마음에 드는 그릇과 깔끔한 냅킨을 사용하세요. 여기에 촛불과 음악을 더해서 당신의 모든 감각을 즐겁게 해주세요.
❷ 잠시 시간을 내어 음식의 모양을 살펴봅시다. 이 지구와 비와 태양이 음식을 만들어준 과정도 떠올려 보세요. 그리고 당신이 이 음식의 냄새를 전혀 모르는 사람인 것처럼 숨을 깊이 들이마시면서 냄새를 맡아보세요.
❸ 먹는 동안에는 방해 요소를 제거하고 음식에만 집중하세요. 자신의 몸에 영양을 공급하는 경험과 자신의 미각에 충실하세요. 음식이 주는 가장 즐거운 맛과 그 맛을 감지하는 입안의 부위를 당신은 확인할 수 있나요? 음식에 지치면 잠시 멈추고 심호흡하세요. 천천히 하세요.
❹ 나의 위장이 언제쯤 그만 먹으라고 알려주면, 그 말대로 하세요. 정말 맛있는 음식도 너무 많이 먹으면 결국 싫어지거든요.
❺ 식사를 마치면 방금 느낀 즐거움을 기억하는 시간을 짧게 가지세요.

진짜 좋아하는 음식을 음미하세요

42

당신은 같은 음식을 반복해서 먹나요? 아침에 같은 음식을 먹고, 점심에 같은 음식을 먹고, 저녁에는 이것저것 약간 섞어서 먹는 식으로요. 이런 식으로 먹으면 지루해져서 당연히 음식에 집중하기가 힘들죠. 당신이 먹는 것을 즐기고 감사하는 능력은 경험에 약간의 노력을 기울여야만 얻을 수 있습니다. 음식이 맛있어도 너무 자주 먹으면 나중에는 질려서 즐기지 못하게 된답니다.

음식의 모든 한입을 음미하고 싶다면, 당신이 먹고 싶은 음식을 먹어요. '옳은', '좋은', '깨끗한', 혹은 '나에게 권장되는' 식단을 따르려고 노력하기보다 당신의 마음이 하는 말을 듣고 맛있는 음식을 찾으세요. 꼭 먹어야만 하는 음식이 아니라 먹고 싶은 음식이 음미하기에 좋겠죠. 그래야 당신은 만족을 느껴서 과식하지 않을 테고요. 초콜릿을 먹고 싶을 때는 떡을 먹어도 초콜릿에 대한 욕구를 채울 수 없어요! 그러니까 그냥 초콜릿을 먹어요. 초콜릿이 아니라도 무엇이든 당신의 몸이 진정으로 요구하는 음식을 먹어요.

그럼 아마 당신은 이렇게 물어보겠죠.

"내가 먹고 싶은 음식은 어떻게 찾아내죠?"

그동안 못했다면 지금부터라도 당신의 몸이 하는 말을 들어주세요. 다양한 맛을 경험하세요. 음식을 마음껏 즐기기 위해서 꼭 필요한 과정이랍니다. 자, 당신에게는 다양한 선택지가 있어요.

◆ 어떤 맛이 좋을까요? 짭짤한 맛, 매운맛, 달콤한 맛, 쓴맛, 불맛, 시큼털털한 맛, 아니면 고소한 맛?

◆ 음식의 질감은요? 부드럽든지, 바삭바삭하든지, 뽀드득하든지, 거품이 있든지, 기름지든지, 쫀득하든지, 촉촉하든지, 그렇지 않으면 흐물흐물하겠죠?

◆ 음식의 온도는 어떻게 조절할까요? 따뜻하게, 뜨겁게, 시원하게, 아니면 차갑게?

◆ 풍미는요? 풍부하거나 담백하게, 묵직하거나 가볍게?

자, 그리고 음식의 종류도 선택해야겠죠. 다양한 문화권에서 당신을 사로잡고 입맛을 깨우는 음식을 골라보세요.

1 아시아 요리

◆ 밥, 반미, 월남쌈, 팟타이, 치킨카레

◆ 바질, 고추, 고수잎, 고수, 카레, 마늘, 생강, 라임, 레몬그라스, 민트, 고춧가루, 강황 등 향신료를 넣은 요리

2 인도 요리

◆ 팔락파니르(시금치나 각종 채소에 집에서 만든 파니르치즈를 곁들인 카레), 알루고비(콜리플라워와 감자를 넣은 카레), 차나마살라(병아리콩에 채소와 향신료를 곁들인 카레), 탄두리치킨

◆ 카다멈, 고추, 고수잎, 계피, 정향, 고수, 커민, 카레, 마늘, 생강, 민트, 겨자씨, 육두구, 고춧가루, 새프런, 참깨, 강황 등 향신료를 넣은 요리

3 라틴 요리

◆ 쿠바식 블랙빈 요리, 타말레, 엔칠라다

◆ 고추, 고수잎, 계피, 커민, 마늘, 오레가노, 참깨 등 향신료를 넣은 요리

4 지중해 요리

◆ 스파나코피타(시금치를 넣고 구운 그리스식 파이), 피자, 렌틸콩 스튜나 채소 스튜

◆ 바질, 월계수잎, 회향, 마늘, 마저럼, 민트, 육두구, 오레가노, 파슬리, 고춧가루, 로즈메리, 새프런, 세이지, 타임 등 향신료를 넣은 요리

5 중동 요리

◆ 후무스나 바바가누쉬 소스를 곁들인 피타, 팔라펠, 기로스

◆ 올스파이스, 고수잎, 계피, 고수, 커민, 마늘, 마저럼, 민트, 오

레가노, 참깨, 타임 등 향신료를 넣은 요리

6 모로코 요리

- ◆ 쿠스쿠스를 곁들인 양고기 스튜, 고기나 채소를 넣고 끓인 타진
- ◆ 고수잎, 계피, 고수, 커민, 마늘, 생강, 민트, 고춧가루, 새프런, 타임, 강황 등 향신료를 넣은 요리

또 있어요!! 프라이드치킨, 으깬 감자, 햄버거, 프렌치프라이, 옥수수빵, 잠발라야, 마카로니와 치즈, 콥샐러드, 크랩케이크, 땅콩버터샌드위치, 구운 콩, 바비큐, 그리고 햇볕 아래에서 먹는 다양한 파이……. 이렇게 다채로운 음식문화가 어우러진 미국 가정식은 어때요? 휴! 이렇게 맛있는 음식들의 이름을 듣고도 배가 고프지 않다면 당신의 미각에 문제가 있다는 증거예요.

이유는 모르겠지만 코로나 바이러스가 나타난 후 처음 몇 달 동안은 생생한 꿈을 자주 꾸었어요. 꿈에서 본 음식을 무척 먹고 싶다고 생각하면서 잠에서 깨어나곤 했습니다. 어느 날 저는 꿈에서 강황과 생강이 듬뿍 든 닭고기수프를 보았습니다. 제 몸이 면역력을 높이고 싶었던 것 같아요. 또 어떤 날에는 푸에르토리코 출신인 저의 첫 남편의 방식대로 만든 아로스콘포요(Arroz con pollo, 쌀과 닭을 주재료로 하는 멕시코 요리-옮긴이)를 먹고 싶어 하며 일어났습니다. 오 이런! 지금도 군침이 돌아요. 너무 먹고 싶어서 생각만 해도 입에 침이 잔뜩 고이는 그 순간, 아시죠?

당신의 입에 침이 고이게 만드는 음식을 찾아요. 그게 바로 당신이 진정으로 원하는 것입니다. 서두르지 마세요. 당신의 마음을 들여다볼 시간을 가지세요. '온도, 맛, 질감, 풍미, 원산지'를 기준으로 음식을 종류별로 나누고 종이에 적어보세요. 이것을 보며 범위를 좁혀 가면 선택하기가 좀 더 쉬워지겠죠. 식사할 때마다 이렇게 할 수는 없어도 이와 같은 고민의 가치를 깨닫고, 음식을 통해 최대한의 즐거움과 만족감을 자신에게 선물하는 능력을 키우세요.

최선을 다해서 (설탕과 지방이 들어간) 어떤 음식을 참는다 해도 영원히 그 음식을 멀리할 수는 없어요. 어느 순간 그 음식을 간절히 원하고 있는 자신을 발견하게 됩니다. 결핍은 굶주림과 욕망을 유발하거든요. 그러니까 못 먹었던 음식들을 다시 먹는 벅찬 감동을 포기하지 말고, 다만 최선을 다해서 마음챙김과 친절, 공감을 실천해요. 그동안의 경험으로 터득한 당신만의 적정량을 섭취하면 됩니다. 물론 조금 무리해서 먹어도 상관없어요. 그리고 가장 중요한 한 가지. 원하는 음식을 마음껏 먹으라고 자신을 격려하세요. 그래야만 지나치게 음식을 원하는 마음이 사라지고 다양한 음식에 매력과 즐거움을 느낄 수 있어요.

기분 좋은 일에 마음껏 행복하세요

43

일상생활에서 기분 좋은 사건이 불쾌한 사건보다 3대 1의 비율로 더 많다는 놀라운 연구 결과가 있어요. 삶에서 많은 시간을 차지하고 있는 행복이 장애물에 가려져 당신에게 보이지 않았던 거죠. 그래서 다시 말하지만, 현재의 행복을 알아차리고 감사한 마음을 충분히 느끼는 능력이 정말 중요해요.

불쾌한 경험을 솔직하게 털어놓으면 마음이 편해지잖아요? 즐거운 경험도 마찬가지예요. 기쁨을 드러내면 더 많이 즐거워할 수 있고, 결과적으로 기쁨을 발견하는 능력도 커진답니다. 그런데 제가 수업시간에 수강생들에게 불쾌하거나 즐거운 감정을 드러내라고 하면 다들 유쾌한 감정을 드러내는 쪽이 더 어렵다고 말합니다. 사람은 누구나 힘든 감정에 더 많은 관심을 가지고, 이 감정을 다른 사람들과 더 자주 공유하는 경향이 있어요. '화가 나', '슬퍼', '짜증 나', '절망스러워', '참을 수 없어', '걱정돼', '불안해', '어쩔 줄 모르겠어', '스트레스 받아', '두려워', '비참해', '우울해', '질투 나',

'상처 받았어', '외로워' 같은 다양한 단어로 불쾌한 순간을 묘사합니다.

그런데 이에 비해 즐거운 순간을 표현하는 단어는 많지 않아요. 기쁨을 나타내는 새로운 단어들을 당신이 찾아보면 어떨까요? 단어가 늘어나는 만큼 당신이 느낄 수 있는 즐거운 일들도 많아진답니다.

◆ 지금 당신은 공감, 우정, 애정, 애틋함, 따뜻함을 느끼나요?

◆ 지금 당신은 궁금하고, 매혹되고, 호기심이 생기고, 참여하고 싶고, 자극을 받았거나, 아니면 새로운 사실을 알게 되었나요?

◆ 지금 당신은 자랑스러움, 안전함, 안정감을 느끼나요?

◆ 지금 당신은 놀라거나, 흥분하고, 경탄하고, 눈부시고, 활기차고, 기분 좋은 현기증을 느끼고, 새로운 경험을 했거나, 열정을 찾았나요?

◆ 지금 당신은 현재를 받아들이고, 감사하고, 경외하고, 감격하고 있나요?

◆ 지금 당신의 마음은 침착하고, 만족하고, 그윽하고, 혹은 고요한 상태인가요?

◆ 지금 당신은 황홀함을 느끼고, 기운이 넘치고, 아이디어로 빛나고, 혹은 기분 좋은 흥분을 경험하고 있나요?

즐거운 일이 있을 때마다 자신의 감정을 정확하게 설명할 수 있도록 노력하세요. 한 가지 단어만으로는 어렵겠죠. 다양한 단어를 충분히 구사할 수 있을 만큼 연습하세요. 당신이 한 일, 다른 사람이 한 일, 또는 주변에서 일어나는 일 때문에 즐거움을 느낄 때마다 좀 더 집중할 수 있도록 마음을 열어주세요. 그리고 재미있고 이해하기 쉬운 이름을 당신의 즐거움에게 지어주세요.

여성들은 남성들보다 감정표현에 능숙한 편입니다. 다양한 연구 결과에 나타난 대로 여자들은 그들의 감정을 더 의식적으로 인식하고 다른 사람들과 더 자주 공유하거든요. 아무래도 남자들이 조금 더 분발해야겠네요. 할 수 있어요! 제가 약속할게요. 노력하려는 의지와 조금 더 행복해지려는 욕구만 있으면 충분합니다.

좋아하는 음식을 음미하는 순간이라면 특히 즐겁겠죠. 매일 먹는 음식에서 새로운 즐거움을 발견할 기회는 무궁무진해요. 당신의 미각은 항상 기다리고 있습니다. 이러한 기회를 그동안은 충분히 활용하지 못했음을 인정하고, 이제부터는 음식을 먹기 전에, 자신이 정말 맛있게 먹을 수 있는지를 가장 먼저 확인하세요. 이 책 42장의 내용을 참고해도 좋습니다. 당신이 진정 원하는 음식을 먹고 그 느낌을 설명할 수 있다면 당신의 기쁨도 커지겠죠. 지금 먹는 음식은 어때요? 감동적이고, 맛있고, 냄새도 좋고, 감미롭고, 자신도 모르게 입맛을 다시게 되고, 환상적이고, 신성하고, 고소하고, 당신을 천국으로 데려다주는 그런 맛인가요? 흠, 이 정도면 당신의 음식을 설명하기에 충분한가요? 음식을 먹으면서 이런 기분을 자주 느낀다면 더 많이 행복할 것 같군요.

이번 훈련은 두 단계로 구성되어 있습니다.

1단계: 낮에 경험했던 즐거운 감정들을 떠올리세요. 그리고 앞에서 소개한 형용사 또는 11장에서 얘기한 '기분창고'를 활용해서 당신이 느낀 즐거움을 표현하고 즐거움을 음미하세요.

2단계: 다음에 친구, 가족, 동료를 만나게 되면 그때는 무엇이 잘못되었는지, 누구 때문에 화가 났는지, 무엇이 바뀌길 원하는지, 또는 당신이 이 세상에 얼마나 격분했는지 등에 대한 말을 꺼내지 마세요. 즉 유쾌하고 긍정적인 이야기로 대화를 시작하라는 의미입니다. 예를 들면 "오늘 어떤 즐거운 일이 있었나요?" "그 일로 당신은 기분이 어땠어요?" 같은 질문으로 시작하세요. 이런 순간을 타인과 공유하면 그때의 즐거움을 다시 떠올릴 수 있습니다. 자, 기억하세요. 그 존재를 알아차리고, 이름을 붙이고, 그 후에 다른 사람과 공유하면, 당신이 느낀 즐거움과 재미는 두 배로 커진답니다.

삶의 모든 순간을 만끽하세요

44

'이 순간'이 당신이 가진 전부입니다. 당신에게 주어진 것은 '지금'뿐입니다. 오직 '지금'만이 나의 행복, 즐거움, 만족과 평화를 찾는 데 필요한 전부입니다. 전에도 이런 얘기를 들은 적이 있을지 몰라요. 어쨌든 이번에는 좀 더 진지하게 고민해 봅시다. '내가 음미할 수 있는 시간은 오직 이 순간뿐이고, 내가 살아있다는 이유만으로 이 순간을 음미할 수 있다'는 사실을요.

인생의 모든 순간이 즐겁다거나, 언제나 지금이 최고라는 의미는 아닙니다. 그것은 절대 불가능합니다. "우리는 모두 우주로부터 어느 정도의 고통을 받고 있다."라고 수피의 시(Sufi Poem, 주로 페르시아어로 기록된 시의 한 장르. 예배 중에 연주되는 음악 등의 가사로 사용된다.-옮긴이)에서 아름다운 문장으로 표현한 것처럼, 누구에게나 고통이 존재하기 마련이니까요. 하지만 어떤 일이 일어나기를 원하지 않고, 어쩌면 싫어하더라도 경험할 시간이 나에게 조금도 남지 않은 상황보다는 훨씬 나을 거예요.

제 친구 지니는 췌장암 4기 진단을 받았어요. 이 암은 평균 생존율이 3개월에서 6개월이에요. 원래 지니는 매일 헬스장에 다니고 승마를 무척 즐기던 사람이었습니다. 70대라는 나이는 그녀에게 중요하지 않았죠. 항상 호기심 넘치고, 똑똑하고, 유쾌하고, 에너지와 생명력이 가득한 지니가 췌장암 환자가 되었다는 사실은 그녀 자신을 포함한 주위의 모든 사람에게 큰 충격이었습니다. 지니의 고통을 덜어주는 유일한 치료를 시작하려면, 그녀는 머리카락을 잃고 가발을 써야만 했습니다. 언제나 자기가 원하는 대로 삶을 개척하던 사람에게는 도저히 일어나지 않을 것 같은 상황이었지요.

친구들이 모두 모였어요. 우리는 장애 아동을 돕는 지역 말 농장을 함께 후원하며 지니를 응원하기로 했죠. 암 진단 소식을 듣고 나서 처음 만난 자리였는데, 지니는 평소처럼 씩씩한 모습이었습니다. 그리고 결코 잊을 수 없는 두 가지 말을 했습니다. 첫째로, 자신도 예전엔 다른 사람들처럼 그날그날의 날씨를 불평했지만 이제는 '모든 날씨가 좋은 날씨'라는 것을 깨달았다고요. 그리고 두 번째로, 지니는 종종 자기 머리카락을 불평하곤 했는데 지금은 '모든 머리카락이 소중한 머리카락'이라고 말했죠. 그 말을 듣고 마음이 많이 아팠어요. '죽음은 우리의 스승 중 하나'라는 불교의 가르침을 지니가 제게 직접 보여주고 있었습니다.

불교에서 강조하는 삶에 관한 다섯 가지 중요한 가르침이 있습니다. 내가 죽는다는 사실을 아는 것, 내가 늙는다는 사실을 아는 것, 내가 질병에 자유롭지 못하다는 사실을 아는 것, 내가 사랑하는 사람들과 사랑하는 것들과 헤어진다는 사실을 아는 것, 그리고 마지막으로 나도 내 행동과 그 결과에 영향을 받는다는 사실을 아는 것입니다. 이 다섯 가지 성찰은 삶에서 우리가 만나는 모든 존재가 변한다는 사실을 말하고 있죠. 이 사실을 받아들이면 모든 욕망을 흘려보내게 되고 생각과 마음이 한결 가벼워집니다. 그리고 매 순간 여기에서 만나는 선한 것, 나쁜 것, 못생긴 것을 있는 그대로 음미하게 됩니다. 두려움이나 희망에서 벗어나 마음의 여유를 찾는 거죠. 그래요! 이것은 누구에게나 마찬가지입니다.

방금 제가 한 말이 좀 우울하더라도 신경 쓰지 마세요. 죽음, 노화, 질병, 영원하지 않음, 그리고 자신의 행동이 가져오는 결과를 누구도 피할 수 없다는 불교의 다섯 가지 가르침을 받아들이세요. 성찰을 통해서 이러한 진리를 인정하면 당신은 놀라운 선물을 받게 됩니다. 즉 이 순간과 이 순간에 당신이 누리는 모든 것입니다. 멋진 순간은 더 소중해지고, 어려운 순간을 용서하게 되고, 중립적인 순간은 그것이 제공하는 만족을 감지함으로써 더 근사해집니다. 당신이 체험한 모든 순간을 삶의 일부로 온전히 받아들이고 음미할 수 있게 된다는 말이에요.

당신에게 주어진 것이 오직 이 순간뿐임을 안다면 사이즈를 감소시켜야 한다거나, 지방을 빼야 한다거나, 주름을 없애야 한다거나, 콧볼을 좁혀야 하고, 머리는 (지금과는 반대로) 더 곱슬거리거나 곧게 펴져야 하고, 발볼이 더 좁아져야 한다는 등의 집착을 줄일 수 있지 않을까요? 음식을 옳고 그름으로 판단하는 가치관과 궁극의 식단을 찾으려는 집착도 버릴 수 있을 것입니다. 그동안 '나의 삶이 이런 방식으로 흘러가야 한다'는 기대 때문에 당신 자신 그리고 당신의 삶에 너무 가혹했다는 것도 깨닫게 되겠죠.

현실은 '옳은 것을 얻으려는' 투쟁과 '기준에 맞는 사람이 되려는' 투쟁의 연속이에요. 하지만 사실 그건 무의미한 행동입니다. 당신은 필요한 모든 것을 이미 가지고 있거든요. '바로 지금'을 말이죠. 당신에게 주어진 순간을 음미하세요. 당신에게 주어진 조건을 받아들여서 그것에 충실하게 행동하고 감사하세요. 살면서 낯선 순간과 그 순간의 모든 경험을 마주할 때마다 즐거움과 의미를 찾아내세요. 그 즐거움과 의미가 바로 당신이 걸어가야 할 길의 각 단계에서 당신을 위한 발판이 되어줄 테니까요.

매 순간을 음미하는 힘을 키우는 데는 심호흡이 가장 좋습니다. 심호흡은 당신이 현재에 몰입하도록 도와주고 당신이 살아있음을 느끼게 해줍니다. '있는 그대로의 모습'에 저항하기 때문에 느끼는 긴장과 스트레스가 찾아오면, 그것을 알아차린 후 일단 그대로 두고 심호흡에 집중하세요.

당신의 신체 중 특정 부위에, 집중하지 않고 먹게 되는 음식에, 사랑하는 사람이나 동료와의 갈등에, 또는 수천 가지의 또 다른 삶의 조건에 저항하고 싶은 순간을 마음챙김의 계기로 삼으세요. 그때마다 숨을 깊이 들이마시고 충분히 내쉬세요. 필요한 만큼 여러 번 실천하여 안정감을 되찾으세요.

존 카밧 진(John Kabat-Zine, 미국 매사추세츠대학교 의과대학 명예교수. 틱낫한 등 선불교 사상가들로부터 가르침을 받고 이를 바탕으로 스트레스 감소 클리닉과 마음챙김 센터를 설립했다.-옮긴이)이 자신의 책에서 말했죠.

"아직 살아있다면, 당신은 틀린 답보다 정답을 더 많이 가지고 있을 것이다."

심호흡을 통해서 편안한 상태가 되면 다음에는 자신의 몸이 있는 그대로도 소중하다는 사실을 떠올리세요. 집중하지 못하고 음식을 먹더라도, 갈등이 일어난다고 해도 그게 틀린 답은 아니에요. 가끔 찾아오는 삶의 고난일 뿐이죠. 잊지 마세요. 어떤 상황이라도 예전보다 더 넓은 마음으로 받아들여야 해요.

몸의 움직임을 하나하나 느껴보세요

45

운동이 어떤 사람에게는 끔찍한 행위이지만 또 다른 누군가에게는 정말 즐거운 경험이죠. 그리고 상당수의 사람은 그 중간 어디쯤의 감정을 느끼고 있을 테고요. 그런데 당신이 어떤 부류이든 (그리고 당신이 가진 신체 능력이 어느 정도이든) 일단 운동을 시작하면 당신의 신체, 인지능력, 감정이 모두 긍정적인 영향을 받게 됩니다. 마음챙김을 실천하고 예전의 선입견을 버림으로써 운동을 소중하게 여기고 즐기는 법을 배울 수 있습니다.

운동도 효과가 있지만, 사실 일상의 NEAT(Non-Exercise Activity Thermogenesis, 비운동 활동을 통한 체온상승)에서 더 많은 에너지를 소비할 수 있어요. NEAT는 수면, 식사, 운동을 제외하고 당신이 에너지를 소비하는 모든 활동을 말합니다. 메이요클리닉(Mayo Clinic)의 제임스 레빈(James Levine, 비만 연구 전문가-옮긴이) 박사는 "인간은 일상생활의 동작에서 매우 많은 에너지를 소비한다. 그러니까 일상의 동작에 더 집중하면 놀라운 결과가 나타날 것이다."

라고 주장했고, 실험으로 이를 증명했어요. NEAT에 집중함으로써 대사증후군(당뇨병이 발생했다는 신호입니다) 발생률과 심장질환 발생률, 그리고 그 밖의 원인으로 인한 사망 위험을 낮출 수 있습니다. 이런 효과를 최대한 누리려면 NEAT의 모든 동작에 집중해야 합니다.

이에 관해서 가사도우미를 대상으로 연구가 진행되었어요. 가사도우미는 꽤 오랜 시간 몸을 움직이는 직업이잖아요. 그들은 일하는 시간 말고 운동 시간을 따로 갖느냐는 질문에 대부분 그렇지 않다고 대답했습니다. 엘런 랭어(Ellen Langer) 박사와 그녀의 제자 앨리아 크럼(Alia Crum)은 바로 이 사실에 주목했어요. 그래서 연구에 참여한 가사도우미를 두 그룹으로 나누고, 한 그룹에게만 "보건당국에 의하면, 집안일을 수행하는 동작이 운동만큼이나 신체에 긍정적인 효과를 가져온다고 합니다."라고 알려주었습니다. 다른 그룹의 가사도우미들은 이러한 사실을 알지 못했고요. 이것 말고는 어떠한 조건의 차이도 두지 않고 4주 동안 관찰한 결과, 집안일의 효과를 알게 된 그룹은 효과를 모르는 그룹과 비교했을 때 놀라운 변화를 경험했습니다. 평균적으로 몸무게가 약 1킬로그램 감소했고, 혈압이 거의 10% 내려갔으며, 체지방 비율과 체질량 지수, 심지어 허리 대 엉덩이의 비율까지 좋아졌습니다. 활동에 어떤 변화도 주지 않고 단지 생각을 바꾸었을 뿐인데 이런 결과가 나타나다니 놀라운 일이지요.

저도 수강생들에게 일주일 동안 일상생활 속에서 딱 하나만 동작을 더 추가하라고 조언하고 있습니다. 다들 매우 창의적이더군요. 되도록 옆 건물에 있는 화장실에 가고, 집에 도착하기 전에 한 바퀴를 더 산책하고, 가게에서 더 멀리 주차하는 등의 방법으로 움직임을 늘렸다고 합니다. 개를 산책시키기 귀찮아서 배우자와 다투곤 했는데 제 말을 듣고 나서는 개와 함께 즐겁게 걷기 시작했대요. 제 얘기도 조금 덧붙일게요. 제 남편에게는 지하실 등 집안 곳곳에 불을 켜놓고 내버려 두는 습관이 있는데, 저도 어느 순간부터 불평을 그만뒀어요. 계단을 오르내리면서 내가 끄면 운동이 된다고 생각하기 시작했거든요.

그래서 이번에도 저는 마음챙김이 필요하다고 주장합니다. 마음챙김을 실천하면 이런 식으로 신체동작을 꾸준히 늘릴 수 있어요. 제 주장을 뒷받침하는 몇 가지 근거도 알려드릴게요. 우선, 마음챙김을 실천하면서 당신은 초심자의 자세를 되찾게 됩니다. 그럼 귀찮은지 어떤지 판단하지 않고 일단 움직이는 거죠. 두 번째, 마음챙김을 실천하면 자신을 다치게 할 확률을 줄일 수 있어요. '고통이 없으면 결과도 없다'고 강조하면서 뭐든지 처음부터 너무 과하게 하는 요즘에는 마음챙김이 특히 중요해요. 셋째, 마음챙김을 실천하면 핑계를 대는 습관을 고칠 수 있습니다. 너무 피곤하거나, 기분이 안 좋거나, 시간이 없다는 당신의 말은 사실이 아닙니다! 마지막으로, 만약 당신이 하루 정도 움직임에 소홀했더라도, 마음챙김을 실천하면 자신을 비난하지 않고 자유롭게 놓아둘 수 있습니다. 결론을 말하자면 의식적인 노력과 주어진 조건을 받아들이는 마음, 비판적이지 않은 태도가 한 데 어우러져서 나타나는 결과물이 바로 마음챙김이고, 마음챙김은 당신의 모든 도전과 그 결과를 받아들이도록 도와줍니다.

단순히 몸을 움직이는 것으로 만족하면 안 되겠죠. 움직임을 음미하려면 감사하는 마음이 필요합니다. 몸을 움직일 때마다 친절한 관심과 긍정적인 감정을 가지면 더 큰 감사가 피어납니다. 당신의 몸은 움직임을 정말 즐기고 적극적으로 반응하게 됩니다. 당신은 활기를 되찾고 기분이 좋아질 것입니다. 제 말을 증명하는 연구 결과도 있어요. 즐거움, 자신의 능력을 확인하려는 욕구, 사회적 교류 욕구 등의 본질적인 요인이 신체동작을 증가시키는 역할을 한다고 합니다. 이들은 건강 유지, 외모 관리 등 외적인 요인보다도 더 큰 자극이 되어서 당신이 계속 동작을 수행하고 그 동작을 음미하게끔 유도합니다.

우선 당신이 매일 수행하는 움직임에 주목합시다. 당신은 잠자리를 정돈하고, 샤워하고, 계단을 오르고, 출퇴근하고, 가게를 들락거리고, 요리하고, 빨래하고, 아이들과 놀고, 진공청소기를 작동시키거나 직접 바닥을 청소합니다. 어쩌면 낙엽을 치우고, 정원을 가꾸고, 꽃을 심고, 차고를 쓸고, 잔디를 깎을지도 모릅니다. 꼼지락거리고, 손가락으로 톡톡 치고, 살짝 몸을 움직이는 것 같은 사소한 동작도 있겠죠. 지금은 몇 개만 이야기했지만 더 생각해 보면 정말 많이 있을 것입니다.

각각의 동작에서 느끼는 감각을 인식하고 당신의 몸이 움직일 수 있다는 사실에 감사하세요. 모든 동작이 중요하다는 사실을 기억하세요. 오랫동안 이동해야 할 때, 차를 멀리 떨어진 주차장에 대야 할 때 불평하지 마세요. 몸을 움직일 기회로 삼으세요. 일상생활에서 움직일 수 있는 더 많은 기회를 찾고, 움직이는 자신에게 확실한 칭찬의 인사를 건네세요. 다른 사람과 이야기를 나누면서 운동 경험을 함께 음미할 수도 있겠죠. 어때요? 이렇게 하면 기쁨이 더 커질 것 같지 않나요?

음식의 모양, 냄새, 소리를 맛보세요

46

음식을 맛보고 음미하는 과정에는 미각이 관여합니다. 또 당신의 위장은 언제 먹고 멈출지 알려주고, 몸의 전반적인 상태는 곧 음식의 효과에 대한 피드백입니다. 그런데 당신의 눈, 코, 귀는 어떨까요? 이들 역시 음식을 원하고, 찾고, 먹는 경험과 깊은 관련이 있습니다. 음식의 모양, 냄새, 심지어 소리까지도 당신의 결정(어떻게, 언제, 무엇을 먹을지)과 인식(어떤 맛을 느끼는지)에 영향을 주거든요.

'외부 영향으로 먹는다', '환경 때문에 먹는다'는 말은 음식이 눈에 보여서, 손에 쉽게 닿아서 먹는다는 것을 의미합니다. 이런 습관을 고치는 방법으로 음식을 확인하면서 먹는 '음식 확인 다이어트(See-Food Diet)'라는 용어도 등장했죠. 다른 일에 신경 쓰느라 음식에 집중하지 않으면 곤란해요. 당신의 손이 아무렇지도 않게 주변의 사탕이나 쿠키 한 조각을 집어 순식간에 입속으로 집어넣거든요! 사탕이나 다른 맛있는 음식을 계속 보면 먹고 싶다는 생각도 많아지는 게 당연해요. 먹을지 말지 의식적으로든 무의식적으로든 고민하는 거죠.

물론 보는 것으로 만족하는 사람도 있습니다. 저도 이런 사람으로 살고 있어요. 사진을 보고, 요리법을 읽고, 그 요리를 먹으면 어떨지 상상하는 것을 좋아하기 때문에, 정작 실제로는 시도해 보지 않은 요리책들을 쌓아놓고 있습니다. 음식 사진을 보는 행동만으로도 침샘과 위장이 충분히 자극을 받습니다. 뷔페에 진열된 음식, 마트에 진열된 식재료, 빵집 선반에 놓인 빵들을 봐도 그렇습니다.

음식을 보지 않더라도 빵집 옆을 걸으며 갓 구운 빵과 케이크와 쿠키 냄새를 맡는 것으로도 충분하죠. 냄새 역시 강렬한 감각 경험 중 하나입니다. 상상만 해도 침이 고이네요. 영화관의 팝콘 냄새, 야외판매대의 바비큐립 냄새, 오븐에서 갓 나온 애플파이 냄새, 올리브오일에 지글지글 끓는 양파와 마늘 냄새는 또 어떤가요? 이래서 식품판매회사가 소비자의 미각과 후각을 동시에 공략하는 거예요. 배가 고프지 않아도 이 감각은 유혹에 무척이나 민감하게 반응하거든요. 요즘에는 포장용기에 음식 냄새를 넣어서 식욕을 자극하는 방법까지 등장했답니다!

마지막으로 음식이 내는 소리를 생각해 봅시다. 옥스퍼드대학교의 미식학자이자 실험심리학자인 찰스 스펜스(Charles Spence)는 음식이 내는 소리를 "우리가 잊고 있는 맛"이라고 표현했어요. 소리도 사실 무척 중요한 역할을 하는데도 음식 맛을 다양하게 연구하는 과정에서 곧잘 간과되곤 했죠. 먹을 것과 마실 것을 인식하고 반응하는 순간에도 당신은 소리의 존재를 제대로 이해하지 못하고 있습니다. 상당수의 사람이 그런 경향을 보인다고 합니다. 하지만 생각해 보세요. 바삭바삭한 소리를 추가한 TV 음식 광고가 당신을 더 크게 자극하지 않나요? 음식에서 만들어지는 소리가 당신의 감각적 즐거움을 강화하는 원리인데요. 이를 증명하기 위한 연구가 계속 진행 중이랍니다.

음식의 모양, 냄새, 소리는 모두 당신이 음식을 더 깊게 음미하도록 유도합니다. 만약 당신이 배가 고프지 않아도 그럴까요? 네, 배가 고프지 않아도 당신의 감각은 끊임없이 음식의 모양, 냄새, 소리를 감지하고 당신의 식욕을 자극합니다. 저는 시나몬롤 덕분에 이 사실을 확실히 알았어요. 시나몬롤은 최근까지 저의 '금지된 음식'(먹지 말라고 자신을 타이르거나, 먹고 나서 죄책감을 느끼는 음식)이었지요.

그런데 어느 날 공항에서 너무나 달콤한 시나몬롤 향기를 맡았습니다. '와, 맛있겠다!' 생각했지만 곧바로 '난 이미 너무 살이 쪄서 시나몬롤을 또 먹으면 안 되겠다'는 생각이 떠올랐죠. 네, 제가 그랬어요. 그리고 이런 제 생각 때문에 깜짝 놀랐어요. 제가 사실은 마음챙김을 제대로 실천하지 못하고 있었고, 아직까지 마음속의 장애물을 극복하지 못했음을 알게 된 거죠. 저는 다음에 공항에 올 때 꼭 시나몬롤 하나를 먹겠다고 다짐했어요. 그런데 말이죠, 막상 다짐을 실천에 옮기니까 이번에는 자신이 몹시 실망스럽더라고요. 롤을 두 입 먹었을 뿐인데 어느새 입에 버터와 설탕을 잔뜩 묻힌 제 모습이 마음에 들지 않았어요. 게다가 뱃속이 뒤집어졌죠. 결국에는 나머지를 모두 버리고 말았습니다. 이제는 그러지 않아요. 그냥 냄새를 즐기고 (굉장한 냄새죠!) 배가 편안한 걸 택합니다.

맛있는 걸 보고 냄새를 맡고 소리를 들을 때, 입안에 침이 고이고 위장이 신호를 보내는지 확인하세요. 정말로 배가 고프다면 맘껏 먹고 즐기세요. 기왕 먹는다면 최선을 다해서 마음껏 음식을 음미하세요. 모든 감각을 동원해서 즐거움을 한껏 누리고 음식에 감사하는 마음을 가지세요. 하지만 배가 고프지 않다면, 음식을 먹지 말고 눈과 코와 귀로 즐기는 것에 만족해야 합니다. 음식을 허겁지겁 먹고 나서 곧바로 후회하지 말고 이런 식으로 음식을 경험하면 당신은 자유로워질 수 있어요. 음식을 즐기는 마음과 당신의 모든 감각이 더욱 강렬해지겠죠. 자, 즐거운 경험을 시작합시다. 이제부터는 모양과 냄새와 소리로 음식을 마음껏 즐겨봐요!!

한 번에 하나씩 음미하세요

47

식사가 아닌 다른 일들에 마음챙김은 어떻게 적용될 수 있을까요? 사람들은 멀티태스킹을 잘하면 생산성이 높은 것으로 생각하고 이를 자랑스럽게 여기기도 하는데요. 사실 인간은 멀티태스킹을 잘하는 존재가 아닙니다. 그런데 다들 한 번에 여러 가지 일을 처리한다고 정신이 없습니다. 당신도 마찬가지죠. 전화를 걸면서 이메일을 쓰고 동시에 온라인으로 기사를 읽으려고 했던 적이 얼마나 많습니까? (네, 저는 유죄입니다!) 전화로 무슨 얘기를 했는지 제대로 알아들었나요? 이메일을 쓸 때 얼마나 오타가 많았나요? 기사 내용은 얼마나 기억나나요? 아마 제대로 기억나지 않을 겁니다. 사실 멀티태스킹은 시간을 더 많이 잡아먹습니다. 돌아가서 다시 해야 하니까요.

요리를 하거나 먹을 때도 마찬가지입니다. 고춧가루 한 작은술을 넣어야 하는데 한 큰술을 넣어버렸네요! 이런! 요리에 집중하지 못했군요. 접시를 다 비울 때까지 음식의 맛을 제대로 음미하지 못하고, 배부르다는 위장의 신호를 듣지 못한 적도 많을 겁니다. 몇 년 동안 같은 것을 먹고 마셨어도 제대로 맛을 본 적은 없을지도 몰라요. 저의 수강생인 제인이 말했어요.

"일주일 만에 마시니까('나를 살아가게 하는 식사' 수업을 듣는 동안 못 마셨던 거죠) 다이어트 소다가 너무 맛있어요."

멀티태스킹을 한다는 핑계로 집중력을 잃어버리면 자녀와 배우자, 친구, 동료 등 타인과의 관계에도 영향을 미칠 수 있습니다. 누군가를 만나면서 집중하지도 않고 귀담아듣지도 않으면 관계가 끊어져 버릴지도 몰라요. 그렇게까지는 아니어도 어쨌든 상대방은 당신의 무관심과 애정부족 때문에 괴롭겠죠. 제가 가장 좋아하는 데이비드 오그스버거(David Augsburger, 미국의 유명 작가로, 인생과 행복을 주제로 다수의 책을 집필했다.-옮긴이)의 말이 있습니다.

> "이야기를 들어준다는 것은 그 사람을 사랑하는 것과 너무 닮아서, 보통 사람은 거의 구별하지 못합니다."

그런데도 우리는 상대방이 그토록 필요로 하는 단 하나, 집중적인 관심을 주지 못합니다.

그러나 이건 당신의 전적인 책임은 아닙니다. 그리고 되돌릴 방법도 있습니다. 당신을 산만하게 만드는 유혹과 소화하기 힘든 정보들이 넘쳐나는 세상에서 살다 보니 당신의 두뇌가 엉뚱한 곳을 주목하고 있었던 거죠. 이 사실을 인정하고 다시 시작하세요. 마음챙김을 실천해서 집중력을 다시 높이고 주어진 상황을 음미하세요.

일상적인 명상 수행과 멀티태스킹의 상관관계를 보여주는 초창기 연구가 있습니다. 워싱턴주의 한 첨단기술 회사에서 진행된 것인데요. 참가자를 세 그룹으로 나누고 한 그룹에게만 8주간의 명상 프로그램을 제공했습니다. 또 한 그룹은 휴식하는 방법을 배웠고, 나머지 한 그룹은 아무것도 지도받지 않았습니다. 그랬더니 명상에 참여한 사람들은 다른 두 그룹에 비해 작업을 더 오래 했고, 다른 업무로 작업 전환을 덜 했으며, 일을 마친 후 부정적인 감정을 보고하는 비율이 더 적었습니다. 그리고 '명상' 그룹과 '휴식' 그룹에서 모두 업무에 관한 사실을 기억하는 능력이 이전보다 향상되었다고 합니다.

재미있게도 미디어에서는 이 연구를 '마음챙김으로 멀티태스킹 능력을 향상시킬 수 있다'라는 취지로 소개하여 마음챙김을 가르치는 교사들을 기겁하게 만들었죠. 명상은 작업에 집중하게 하고, 방해되는 정보를 차단하고, 집중력을 유지하며 또 다른 작업을 시작할 수 있게 하기 때문에 더 많은 일을 할 수 있도록 돕는다는 것이 이 연구가 알려주는 바인데 말이죠. 마음챙김은 하나의 활동이나 업무에 온전히 몰입할 수 있게 도와줍니다. 그럼으로써 (1)그것이 즐거운 일일 때는 더욱 그 순간을 음미할 수 있고, (2)어려움이 있을 때는 극복할 방법을 더 쉽게 찾아낼 수 있게 합니다. 특히 상황이 힘들 때 마음챙김은 피하거나 미루는 습관으로부터 벗어나 현재에 꾸준히 몰입할 수 있게 해줍니다.

기분 좋은 순간들에 집중하고 관심을 유지하는 것은 뇌 속에서

도파민이 더 많이 분비되게 하여 결과적으로 장기기억의 경험을 강화합니다. 기억을 오랫동안 간직할수록 뇌가 더 강한 자극을 받고, 이 자극이 기억의 연결고리를 강하게 만드는 원리입니다. 베란다에 앉아서 따끈하고 바삭한 블루베리파이를 먹는다고 상상해 보세요. 파이 위에는 살짝 녹은 아이스크림이 올려져 있습니다. 이 순간 당신은 주변의 근사한 풍경에도 더욱 몰입하게 됩니다. 얼굴로 쏟아지는 따뜻한 햇빛, 봄날의 상쾌한 공기, 산들바람에 흔들리는 라일락과 가막살나무의 향기가 느껴집니다. 어때요, 듣기만 해도 직접 맛보고, 느끼고, 냄새를 맡는 기분이 들지 않나요?

마음챙김을 통해서 도전적인 상황이나 프로젝트 또는 닥친 문제에 세세하게 관심을 기울이면, 피할 수 없는 상황을 보다 쉽게 헤쳐나갈 수도 있습니다. 미래를 보려고 애쓰지 말고(이런 행동이 종종 불안감의 원인이 됩니다) 현재의 작은 일에 집중하세요. 그러면 복잡한 일을 간단하게 나누어서 생각하게 되고 새로운 해결책을 발견하기도 한답니다. 끝내야 하는 프로젝트가 있다면, 걱정을 늘어놓으면서 과자만 붙들고 있지 말고 세부적인 문제에 집중해서 차근차근 하나씩 처리하세요. 그렇게 집중하다 보면 결국 프로젝트를 잘 마무리하고 동료들에게 남은 과자를 나눠줄 수도 있답니다.

단 몇 초 동안만이라도 좋으니 한 번에 하나만 하면서 그 순간의 경험을 더욱 깊게 음미해 보세요. 당신이 집중하고 있는 대상을 가능한 한 세세하게 받아들이세요. 즐거운 상황과 불쾌한 상황에서 모두 그렇게 해보세요. 즐거운 일의 경우 더 깊이 경험하고 싶은 이유는 분명해요. 그것을 할 때 기분 좋고 당신을 더욱 고양시켜 주니까요. 맛있는 음식을 먹었을 때 느끼는 만족감과 감사의 마음을 예로 들 수 있겠네요.

반대로 불쾌한 상황은 어떤가요? 껄끄러운 대화, 육체적인 또는 감정적인 고통, 직장에서의 문제 등 불쾌한 일이 있을 때 저항하지 않고 상황을 온전히 받아들일 수 있나요? 할 수 있다면 당신은 문제를 해결할 방법을 반드시 찾을 겁니다. 당신의 회복력과 인내력도 예전보다 더 강해지겠죠. 그리고 어쩌면, 이런 상황에서도 즐거움을 발견할 수 있지 않을까요?

자연을 느끼세요

48

이번에는 집중력을 높이고, 조급했던 마음을 편안하게 가라앉히며, 삶에 감사하는 능력을 높이는 한 가지 방법을 소개하려 합니다. 자연을 최대한 가까이에서 누리세요. 허탈하고 불안하고 짜증이 날 때 가까운 숲의 산책로를 걷는 것보다 효과적인 해결방법은 없습니다. 콘크리트가 보이지 않고 바람에 흔들리는 나무에 둘러싸여 있으면 마음이 맑아지고 어느새 자연의 잔잔한 평화로움에 마음을 뺏기게 됩니다. 도시의 거리에도 나름의 장점이 있지만, 자연에서는 먼지 없는 깨끗한 공기를 들이마실 수 있고, 견뎌야 하는 산만함과 소음이 적어서 좋아요. 숲이나 공원의 우거진 나무들, 산의 웅장함, 그리고 해변의 부드러운 모래와 파도가 지쳐서 예민해진 당신의 신경을 진정시켜 줄 거예요.

1982년 일본 정부가 '신린요쿠(삼림욕)'라는 용어를 만들어낸 다음부터 자연을 통해 몸과 마음을 치유하는 활동은 많은 관심을 받기 시작했습니다. 그리고 엄청난 스트레스를 끊임없이 마주하는 현대사회에서는 그 필요성이 더욱 커지고 있습니다. (2020년에 전 세계를 덮친 팬데믹도 그중 하나죠!) 최근에는 삼림욕의 의학적 효과에 대해 체계적인 검토가 이뤄졌습니다. 그 결과 신체적 건강 지표와 감정 상태, 신체적 · 심리적 회복, 적응적 행동뿐만 아니라 불안 및 우울증 감소 등 삼림욕의 많은 이점이 밝혀졌습니다. 당신이 지금 당장 이 책을 덮고 가장 가까운 숲으로 걸어간다고 해도 저는 아무 말 하지 않을 거예요!

당신이 마지막으로 숲속을 거닐거나 맨발로 땅을 밟은 때가 언제였나요? 기억이 안 나나요? 그렇게까지 오래 자연을 멀리하면 자연 결핍증에 시달리게 될 거예요. 의학적으로 입증된 장애는 아니지만, 자연과의 단절이 "감각 저하, 주의력 장애, 신체활동의 전반적 둔화, 각종 감정 문제 및 신체 질병 발생"의 원인이 된다고 리처드 루브(Richard Louv)는 밝혔습니다. 루브는 자연과 직접적인 접촉 기회가 점점 줄어드는 아이들에 대해 다룬 《마지막 숲속의 아이(Last Child in the Woods)》(2008)라는 책의 저자입니다.

과학적인 증거 이상의 것이 필요하다면, 수백 년 동안 자연이 인간에게 미치는 영향을 주제로 글을 썼던 시인과 작가들의 이야기를 들어봅시다. 헨리 데이비드 소로(Henry David Thoreau)는 그의 수필집 《월든(Walden)》에 자연이 매 순간 제공해 주는 소리, 풍경, 감촉, 맛의 새로움과 소중함을 담았습니다. 그리고 로버트 프로스트(Robert Frost)는 〈가지 않은 길(The Road Not Taken)〉에서, 더욱 풍부한 경험을 원한다면 숲(혹은 삶의 길)에서 더 힘든 길을 선택하는 도전을 받아들이라고 노래했죠. 벨린다 스토틀러(Belinda Stotler)는

〈숲의 축복을 받은 집(The Forest's Blessed Abode)〉이라는 시에서 숲에 더 많은 관심을 기울이라고 강조했습니다.

"숲으로 와요. 삶의 아름다움과 모든 기적이 여기 있어요."

자연 속에서 시간을 보내면 당신은 더 침착해지고, 자신의 원래 모습에 조금 더 익숙해집니다. 몸에 어울리는 리듬과 몸이 원하는 것을 파악하는 힘이 생겨서 자신의 몸이 전달하는 메시지를 더 많이 들을 수 있게 됩니다. 당신의 몸은 항상 당신에게 말하고 있거든요. 언제 얼마나 많이 움직여야 하는지, 누구와 시간을 보내야 하는지, 어떤 상황에서든 가장 중요한 결정이 무엇인지를요. 그리고 하나 더. 당신은 자연에서 시간을 보내면서 안정감을 찾을 거예요. 그럼 우울하거나 스트레스를 받는다고 해도 음식이나 일시적인 즐거움에 의존할 가능성이 줄어듭니다. 당신은 자신의 감정과 주변의 변화에 더욱 유연해질 것입니다.

자연을 음미할 수 있는 안전한 장소를 선택하세요. 물병을 채우고, 스마트폰을 꼭 가져가야 한다면 전원을 끄거나 진동 없이 무음으로 설정하세요. 공원이나 숲에 들어갈 때는 예전에 여러 번 갔던 곳이라도 목적지와 돌아올 시간을 누군가에게 알려주는 편이 좋겠지요. 아, 그리고 책을 읽거나 일기를 쓰면서 시간을 보낼 수도 있으니까 준비하시고요.

네, 됐습니다. 목적지로 향하되 어떠한 기대나 목표도 갖지 마세요. 일단 걷기 시작하세요. 어떤 길을 택할지, 당신의 몸이 당신을 안내하도록 놔두세요. 삼림욕의 주요 원칙을 활용하세요. 즉 숨을 쉬고, 휴식을 취하고, 헤매고, 만지고, 듣고, 치유하는 것입니다. 천천히 하세요. 경주대회에 참가한 게 아니니까요. 어느 순간 당신의 몸이 멈추어 휴식에 적합한 장소를 찾을 것입니다. 하늘과 나무와 바위와 동물들을 더 자세히 보고 싶다면 잠시 멈추세요. 나무와 꽃과 공기의 냄새를 맡으세요. 당신의 모든 감각을 이용해 주위의 자연을 받아들이세요. 이 시간을 통해 경험에 완전히 몰입하고, 당신 주변의 삶의 아름다움을 감상하세요. 감각에 집중하세요. 그렇게 느끼고 본 경험을 일기로 쓰거나 그림으로 그려 보세요.

다른 사람과 함께 간다면 그들과 더불어 자연을 느끼세요. 자신의 경험과 관찰을 공유하되 잡담은 최대한 삼가세요. 운동 성과를 기록하거나, 칼로리 소모량을 측정하거나, 심박수를 계산하지 마세요! 효과는 당신이 직접 경험하는 느낌을 통해 분명히 알게 될 거예요.

주는 것의 행복을 채우세요

49

외롭거나 박탈감을 느낄 때, 또는 '충분치' 않다고 생각될 때, 자신을 채우는 좋은 방법은 (당신이 믿든 안 믿든) 음식이 아니라, 주위를 돌아보고 다른 이들에게 친절을 베푸는 것입니다. 친절이 고귀하고 도덕적인 행동이라는 데는 모두 동의할 것입니다. 예를 들어 당신은 몸이 아프거나 상실을 경험해 슬픔에 빠진 이를 보면 당연하게 식사를 챙겨주려 할 것입니다. 긴급한 위기 상황에 빠진 사람들에게 금전적인 지원을 하기도 하고, 자선단체와 비영리단체에 시간과 돈을 기부하기도 하죠. 예배당에서 헌금하는 것도 그 중 하나고요.

'당신의 영혼을 채우는 이에게 베풀라'는 의미로, 불교에서는 '다나(dāna, 시주 또는 보시)'를 실천합니다. 다나는 관용을 뜻하는 팔리어입니다. 많은 승려들이 다나에 의존해서 생계를 꾸려갑니다. 그들에게서 가르침을 받는 이들이 수련회나 공부모임, 강의가 끝날 때마다 기부하는 금전으로 살아가는 거죠. 승려의 가르침은 학생들에게 무엇보다도 고귀한 선물이기 때문에 학생들은 그 대가로 다나를 제공하는데, 자신이 생각할 때 가장 합당한 금액을 내면 됩니다. 다나에 의존하는 승려들의 삶은 어떨까요? 아마도 한 달마다 상사가 당신의 월급 액수를 결정하고 발표하길 기다리는 그런 심정이지 않을까요? 이 소박하지만 경외로운 전통은 예부터 지금까지 계속되고 있습니다.

코로나 바이러스의 유행으로 시작된 강제적인 고립이 길어지면서 이런 문제를 고민할 기회가 많아졌어요. 갑자기 많은 특권을 가진 사람이 되면서(예를 들어 우리 집은 정기적인 수입이 있었고, 농부로부터 식자재를 제공받고 있었고, 대출금을 낼 수 있었으니까요) 평범한 삶을 누리지 못하는 불편함과 함께 한편으로는 많은 이들이 힘들어하는 시기에 혼자 풍족한 것만 같아 마음이 편치 않았습니다. 갑자기 너무 외로웠어요. 이건 친구가 없다는 표시가 아니라(틈만 나면 손가락으로 친구의 숫자를 세어보기 시작했죠) 어떤 식으로든 내 삶을 돌보지 않고 있다는 증거였습니다. 그 이유가 뭘까 의문을 품으며 잠시 명상을 하는데 문득 이런 생각이 떠올랐어요.

'누군가를 도울 수 있지 않을까?'

자, 사람들에게 필요한 것을 찾아내서 채워주는 행복한 여행이 이렇게 시작되었습니다. 제가 할 일은 물어보는 것뿐이었고, 많은 대답들이 막힘없이 흘러나왔습니다. 여성보호소에는 필요한 물품이 많았습니다. 소년소녀클럽은 학교가 문을 닫았기 때문에 규칙적인 식사를 못 하는 아이들에게 급식을 제공하고 있었습니다. 동네 상점에서 지역상품권을 쓰고, 장사를 하기 위해 고군분투하는 동네 식당에서 음식을 포장해 오고, 책은 작은 서점에서 구입했습니다. 사람들은 두려워하고 있었고 친절한 말 한마디, 다정한 포옹을 원했습니다. 지역 푸드뱅크는 증가하는 수요로 인해 더 많은 사람들의 기부가 필요했습니다. 저는 명상 수업료를 내렸습니다. 팬데믹 기간 동안 제가 서비스를 받지 않게 된 이들(미용사나 가사도우미 등)에게 그대로 전과 같이 비용을 지급하는 방법도 있었습니다. 그런 일은 또 생기고 또 생겼습니다. 도움이 필요한 곳은 끝없이 있었고, 저는 아무리 작은 것이라도 내 도움이 필요한 곳이라면 어떤 곳이든, 누구에게든, 무엇이라도 주기 위해 최선을 다했습니다.

팬데믹은 그동안 우리가 경험했던 어떤 위기와도 달랐지만, 그 속에서도 서로 친절을 베풀 기회는 있었습니다.

친절을 베풀었던 순간을 떠올려 보세요. 나눠줄 것이 있어서, 그리고 상대방이 기뻐함으로써 느낀 행복을 기억하세요. 나라는 틀에서 벗어나 다른 사람의 마음과 삶을 들여다보면, 그들에게 줄 수 있는 선물이 무언지 알게 됩니다. 그렇게 친절을 베풀 때 내 안의 공허함도 사라집니다. 필요없는 것들에 집착하는 대신 친절이라는 멋진 습관을 가지세요.

'30일 동안 친절 실천'에 도전하세요. "누구를 도울 수 있을까?"라는 간단한 질문으로 시작해 보세요. 당신의 일상 속에 숨어서 당신에게 다가갈 준비를 하고 있는 기적에 마음을 열어보세요. 그 기적은 누군가의 생일을 위한 페이스북 모금 행사나, 모금 편지 혹은 문자, 그리고 도움이 필요한 누군가를 도울 기회일 수도 있습니다. 친절을 베풀 기회가 생기면 주저하지 말고 행동하세요. 기부를 실천하는 것이 꺼려지고 부담스러운 기분이 든다면, 당신의 친절이 어떤 결과를 가져올지 자신에게 한번 물어보세요. 크든 작든, 매일 행동을 하세요. 베푸는 순간을 음미하세요. 그 순간을 즐거워하고 감사하라는 것입니다. 당신이 친절을 베푸는 상대방, 당신과 뜻을 같이하는 공동체, 그리고 세계와의 유대감을 느껴보세요. 그것이 당신의 친절에 대한 대가입니다. 당신은 충분한 보상을 받고 있습니다.

30일 동안 제가 베푼 선물들을 사진으로 남겼습니다. 사진들이 모여서 사랑의 징표가 담긴 멋진 콜라주가 만들어졌습니다. 제 행동은 의미 없는 몸짓이 아니었습니다. 드넓은 세상을 제게 보여주고 제 마음을 채워주었습니다. 이제는 마음에 빈 공간이 없어 외로움은 들어오지 못할 겁니다.

인생을 마음껏 즐기세요

50

마음챙김의 실천 지침에는 다음과 같은 경고 문구가 따라와야 한다고 생각합니다.

> 경고 : 근본적인 믿음과 도전적인 감정이 생길 수 있습니다. 부작용에는 다음 중 하나 이상이 포함될 수 있습니다. 당신을 방해하는 행동 패턴을 찾아내고, 더 이상 당신을 존중하지 않는 관계를 포기하고, 두려워했던 활동에 참여하고, 새로운 음식을 탐구하고, 다른 사람들에게 더 많이 관심을 갖고 열린 마음으로 그들을 대하게 됩니다. 거울에 비친 자신의 몸을 사랑하고, 내면의 자신과 깊이 있는 관계를 형성하게 됩니다.

마음챙김을 실천하면서 자기 자신을 관찰하는 것은 당신에게 주어진 가장 파격적이고, 흥분되고, 즐거운 기회입니다. 당신은 틀림없이 전에는 알아차리지 못했던 다소 불안한 생각과 감정을 자신에게서 발견할 것입니다. 숨겨진 자신을 들여다보세요. 과거를 극복하고 이전에는 없던 변화의 가능성으로 향하는 첫걸음입니다.

어떻게 살고 싶은가요? 마음챙김을 실천하는 당신의 최종 목표는 바로 이 질문에 대답하는 것입니다. 주어진 순간을 만끽하세요. 당신이 가진 삶은 오직 그 순간뿐이니까요. 끊임없이 자신에게 확인하세요. '만약 내가 1년 안에 죽을 운명이라면 과연 오늘을 어떻게 보내야 할까?' 당장 일을 그만두고 그동안 간절히 원했던 세계일주를 시작하라고 부추기는 건 아니고요(물론 그것도 멋진 아이디어지만), 당신이 관심을 가져야 할 소중한 존재들의 진짜 가치를 발견하라는 뜻입니다.

지금이 어떤 일을 할 수 있는 마지막 기회라면 그 기회를 한껏 만끽하려고 하겠죠. 생각해 보세요. 마지막 커피 한잔, 마지막으로 숲을 가로질러 가는 하이킹, 저녁 하늘에 떠오르는 마지막 보름달, 친구와의 마지막 대화, 사랑하는 사람의 마지막 손길……. 당신이 참된 의미를 음미할 때 비로소 이 모든 것이 더 정교하고 진실해집니다. 아, 부담을 느낄 필요는 없어요. 당신이 완전히 놓치고 있을 수 있는 즐거움을 깨닫고 관심을 가지면 됩니다.

혹시 더 깊은 통찰을 원한다면 명상이나 요가 수행에 참여해 보세요. 저의 경험에 비춰 보면 명상이나 요가를 통해 가장 많은 것을 생각하고 깨달을 수 있었습니다. 그 깨달음이 저의 인생을 바꿔놓았죠. 명상 시간은 하루 아니면 그 이상일 수 있습니다. 저는 보통 7일에서 9일 동안 명상을 실천합니다. 이 시간은 방해를 받지 않고 여유롭게 시간을 활용하면서 자신을 돌아볼 소중한 기회예요. 책으로 읽는 것보다 마음챙김에 대해 훨씬 더 많은 가르침을 얻습니다. 아니면 매일 몇 분 동안 충분한 관심과 감사로 당신의 삶을 관찰하고 음미할 수도 있어요. 그것만으로도 당신은 예상하지 못했던 깨달음을 얻게 될 것입니다.

그동안 소홀했던 당신의 진짜 친구, 바로 자기 자신을 만나고 싶다면 명상이 주는 평화로운 고요함 속에서 자신에게 다가가세요. 자신과의 관계, 다른 무엇보다도 중요한 이 관계를 발전시킴으로써 자신의 가치관을 실천하고 행복과 기쁨이 있는 삶을 누릴 수 있습니다. 주변 환경이나 사람들에게 이끌려서 자신을 의식하지 못하던 삶은 버리고 명상을 통해 진정한 자기를 찾아가는 환희를 경험하세요.

마음챙김 식사를 이야기하는 이 책의 목표는 당신이 마음껏 음미하는 삶을 살도록 돕는 것입니다. 지침은 간단하지만 실천하기가 쉽지만은 않겠죠. 침착한 태도로 당신의 감각을 탐구하고, 괴로운 감정을 있는 그대로 받아들여서 고통에서 벗어나고, 당신을 가로막던 한계를 초월하고, 긍정적인 감정을 키우세요. 그리고 변화를 음미하세요. 첫 단추는 당신에게 주어진 음식을 음미하는 것, 바로 마음챙김 식사입니다. 마음챙김 식사를 실천하세요. 인생에서 작은 것 하나도 놓치지 않고 모두 음미하게 될 것입니다.

제가 크리팔루 요가 강사양성과정에서 배웠던 훈련 방법을 알려드릴게요. 인생의 맛을 충분히 음미할 수 있도록 돕는 BRFWA('버프와'로 발음하면 됩니다) 훈련입니다. 이 훈련은 호흡(Breath), 이완(Relax), 느낌(Feel), 관찰(Watch), 인정(Allow)의 5단계로 구성되어 있습니다.

호흡Breath | 호흡의 중요성은 이 책에서 이미 수없이 강조했습니다. 지금 당신에게 주어진 순간에 몰입하고 싶다면 제대로 된 호흡법을 알아야 합니다. 처음에는 가볍게 호흡하세요. 그리고 숨을 더 깊게 들이마셨다가 끝까지 내뱉기를 반복하면 됩니다. 몸 안에 공기를 들여보냈다가 모두 빼낸다는 생각으로 최대한 깊게 호흡하세요.

이완Relax | 심호흡을 연습하면서 어느 정도 편안해진 기분을 느꼈죠. 이번에는 그 편안함을 신체 구석구석으로 보내보겠습니다. 편안한 기운을 당신의 몸 안으로 받아들이세요. 얼굴 근육, 목과 어깨, 가슴과 배, 팔과 손, 손가락, 다리와 발끝까지 모든 신체 부위에 편안한 기운이 닿게 합니다. 턱과 목, 어깨, 배는 특히 신경을 써주세요. 호흡을 유지하고 부드럽게 이완하세요.

느낌Feel | 당신에게 찾아오는 모든 감정을 환영해 주세

요. 어떤 것이든 거리끼지 말고 아껴주세요. 당신에게 주어진 인생을 만끽하게 해주는 귀중한 존재니까요. 어때요? 당신의 마음이 열리고 닫히고, 긴장했다가 아무렇지도 않은 상태로 돌아오는 걸 느낄 수 있나요?

관찰Watch | 몸이 느끼는 감각과 머릿속의 생각, 그리고 가슴이 느끼는 감정을 관찰하세요. 선입견을 갖지 말고 사랑과 관대함으로 이 모든 것을 감싸주세요. 이 모든 것은 항상 나타났다 커지고 다시 사라집니다. 그러니 유쾌함이든 불쾌함이든 할 수 있는 한 가장 많이 느끼고 지켜보세요. 그것은 무심함이 아니라 더 많은 것을 보기 위해 한발 뒤로 물러서는 여유입니다.

인정Allow | 당신에게 주어진 삶의 순간을 있는 그대로 인정하세요. 인정할수록 당신은 더 큰 감사함을 느끼고 삶을 음미하게 됩니다. 자신을 온전히 받아들이세요. 당신만의 고유한 가치가 더욱 빛날 것입니다. 살면서 경험하는 즐거움과 고통을 인정하세요. 당신의 인생이 더욱 아름다워질 것입니다. 인생의 모든 음식을, 인생의 모든 경험을, 나아가서 당신의 인생 전부를 한껏 누리세요!!

감사의 글

사랑하는 나의 동반자 버드, 매일 행복을 불러오는 당신 덕분에 나는 사랑이 지닌 진정한 기적의 힘을 믿게 되었어요. 그리고 가족 간의 사랑을 딸에게 몸소 알려주시는 부모님, 정말 감사합니다.

저의 인생을 구원해 준 12단계 프로그램과 그동안의 고통을 끝내는 길을 제게 보여주신 불교강좌 강사님 덕분에 저는 다시 시작할 수 있었습니다.

마지막으로는 제가 이 책을 쓰게 된 결정적 동기를 제공해 준 분들께 인사를 드릴까 해요. 크리팔루 요가 선생님이 없었다면 저는 움직이면서 명상하는 능력과 명상 안에서 사랑과 기쁨을 발견하는 능력을 갖추지 못했을 것입니다. 그리고 마음챙김식사센터 이사회 여러분 덕분에 저는 음식과 신체의 관계를 새롭게 정립했고, 더 이상 음식을 먹고 나서 괴롭지 않게 되었습니다. 고맙습니다.

참고자료

Step 1 | 서두르지 말고 자신의 감각을 찾으세요

Andre, C. 2011. *Looking at Mindfulness: 25 Ways to Live in the Moment Through Art.* New York: Blue Rider Press, 132.

Asurion. "Americans Don't Want to Unplug from Phones While on Vacation, Despite Latest Digital Detox Trend." May 17, 2018.

Deloitte Development LLC. 2018. 2018 Global Mobile Consumer Survey, US edition. https://www2.deloitte.com/tr/en/pages/technology-media-and-telecommunications/articles/global-mobile-consumer-survey-us-edition.html.

Fredrickson, B. L. 2017. "Your Phone vs. Your Heart." In *Future Directions in Well-Being,* edited by M. White, G. Slemp, and A. Murray. New York, NY: Springer.

Gallup Organization. 2019. Gallup Global Emotions Report. Washington, DC: Gallup Organization.

Killingsworth, M. A., and D. T. Gilbert. 2010. "A Wandering

Mind Is an Unhappy Mind." *Science* 330(6006), 932.

Ma, X., Z. Yue, and Z. Gong. 2017. "The Effect of Diaphragmatic Breathing on Attention, Negative Affect, and Stress in Healthy Adults." *Frontiers in Psychology* 8, 874.

Roberts, J. A., and M. E. David, 2016. "My Life Has Become a Major Distraction from My Cell Phone: Partner Phubbing and Relationship Satisfaction Among Romantic Partners." *Computers in Human Behavior* 54, 134-141.

Scott, K. A., S. J. Melhorn, and R. R. Sakai. 2012. "Effects of Chronic Social Stress on Obesity." *Current Obesity Reports* 1(1) (March), 16-25.

Statista. 2020. Number of mobile phone users in the U.S. from 2012 to 2020. https://www.statista.com/statistics/222306/forecast-of-smartphone-users-in-the-us/.

Tomiyama, A. J., I. Schamarek, R. H. Lustig, C. Kirschbaum, E. Puterman, P. J. Havel, and E. S. Epel. 2012. "Leptin Concentrations in Response to Acute Stress Predict Subsequent Intake of Comfort Foods." *Physiology &Behavior* 107, 34-39.

Tribole, E. and E. Resch. 2020. *Intuitive Eating: A Revolutionary Program that Works.* New York: St. Martin's Essentials.

Tylka, T. L. and A. M. Kroon Van Diest. 2013. "The Intuitive Eating Scale-2: Item Refinement and Psychometric Evaluation with College Women and Men." *Journal of Counseling Psychology,* 60(1), 137-153.

Step 2 | (먹지 말고) 감정을 가라앉히세요

Brewer, J. A., H. M. Elwafi, and J. H. Davis. 2013. "Craving to Quit: Psychological Models and Neurobiological Mechanisms of Mindfulness Training as Treatment for Addictions." *Psychology of Addictive Behavior* 27, 366-379.

Brewer, J. A., A. Ruf, A. L. Beccia, G. I. Essien, L. M. Finn, R. van Lutterveld, and A. E. Mason. 2018. "Can Mindfulness Address Maladaptive Eating Behaviors? Why Traditional Diet Plans Fail and How New Mechanistic Insights May Lead to Novel Interventions." *Frontiers in Psychology* 9, 1418.

Hay, L. L. 1984. *You Can Heal Your Life.* Carlsbad, CA: Hay House.

Lieberman, M. D., N. I. Eisenberger, M. J. Crockett, S. M. Tom, J. H. Pfeifer, and B. M. Way. 2007. "Putting Feelings into Words: Affect Labeling Disrupts Amygdala Activity in Response to Affective Stimuli." *Psychological Science* 18(5), 421-8.

Salmon, P. 2001. "Effects of Physical Exercise on Anxiety, Depression, and Sensitivity to Stress: A Unifying Theory."

Clinical Psychology Review 21(1), 33-61.

Siegel, D. 2010. *Mindsight: The New Science of Personal Transformation.* New York, NY: Bantam Books.

United States Department of Agriculture, Food Waste FAQs. https://www.usda.gov/foodwaste/faqs.

Uvnäs-Moberg, K.,. L. Handlin, and M. Petersson. 2015. "Self-soothing Behaviors with Particular Reference to Oxytocin Release Induced by Non-noxious Sensory Stimulation." *Frontiers in Psychology* 5, 1529.

Step 3 | 자신을 가두는 생각에서 벗어나세요

Brennan, M. A., W. Icon, W. J. Whelton, and D. Sharpe. 2020. "Benefits of Yoga in the Treatment of Eating Disorders: Results of a Randomized Controlled Trial." *Eating Disorders.* https://doi:10.1080/17439760.2019.1651888, doi:10.1080/10640266.2020.1731921.

Bucchianeri, M. M., and D. Newmark-Sztainer. 2014. Body Dissatisfaction: An Overlooked Public Health Concern." *Journal of Public Mental Health* 13, 64-69.

Butryn, M. L., A. Juarascio, J. Shaw, S. G. Kerrigan, V. Clark, O. O'Planick, and E. M. Forman. 2013. "Mindfulness and Its

Relationship with Eating Disorders Symptomatology in Women Receiving Residential Treatment." *Eating Behaviors* 14, 13-16.

Oldham-Cooper, R. E., C. A. Hardman, C. E. Nicoll, P. J. Rogers, and J. M. Brunstrom. 2011. "Playing a Computer Game During Lunch Affects Fullness, Memory for Lunch, and Later Snack Intake." *American Journal of Clinical Nutrition,* 93(2), 308-313.

Richo, D. 2002. *How to Be an Adult in Relationships: The Five Keys to Mindful Loving.* Boston, MA: Shambala.

Rossy, L. 2016. *The Mindfulness-Based Eating Solution: Proven Strategies to End Overeating, Satisfy Your Hunger, and Savor Your Life.* Oakland, CA: New Harbinger.

Swami, V., L. Weis, D. Barron, and A. Furnham. 2018. "Positive Body Image Is Positively Associated with Hedonic (Emotional) and Eudemonic (Psychological and Social) Well-being in British Adults." *Journal of Social Psychology* 158(5), 541-552.

Tylka, T. L., and K. J. Homan. 2015. "Exercise Motives and Positive Body Image in Physically Active College Women and Men: Exploring an Expanded Acceptance Model of Intuitive Eating." *Body Image* 15, 90-97.

Wansink B., C. R. Payne, and P. Chandon. 2007. "Internal and External Cues of Meal Cessation: the French Paradox Redux?" *Obesity* 15, 2920-2924.

Wansink, B., and J. Sobal. 2007. "Mindless Eating: 200 Daily Food Decisions We Overlook." *Environment and Behavior* 39(1), 106-123.

Step 4 | 미소 지으며 나만의 행복을 만드세요

Dunaeva, J., C. H. Markey, and P. M. Brochu. 2018. "An Attitude of Gratitude: The Effects of Body-Focused Gratitude on Weight Bias Internalization and Body Image." *Body Image* 25: 9-13.

Ekman, P., and R. J. Davidson. 1993. "Voluntary Smiling Changes Regional Brain Activity." *Psychological Science* 4(5), 342-345.

Emmons, R. A., and M. E. McCullough. 2003. "Counting Blessings versus Burdens: An Experimental Investigation of Gratitude and Subjective Well-being in Daily Life." *Journal of Personality and Social Psychology* 84(2), 377-389.

Foster, R., and G. Hicks. 2004. *How We Choose to Be Happy: The 9 Choices of Extremely Happy People-Their Secrets, Their Stories*. New York, NY: Berkley Publishing Group.

Hanson, R. 2013. *Hardwiring Happiness: The New Brain Science of Contentment, Calm, and Confidence*. New York:

Harmony Books.

Jans-Beken, L., N. Jacobs, M. Janssens, S. Peeters, J. Reijnders, L. Lechner, and J. Lataster. 2019. "Gratitude and Health: An Updated Review." *Journal of Positive Psychology*. https://doi:10.1080/17439760.2019.1651888.

Koch, S., T. Kunz, S. Lykou, and R. Cruz. 2014. "Effects of Dance Movement Therapy and Dance on Health-Related Psychological Outcomes: A Meta-analysis." *Arts in Psychotherapy* 41, 46-64.

Labroo, A. A., A. Mukhopadhyay, and P. Dong. 2014. "Not Always the Best Medicine: Why Frequent Smiling Can Reduce Wellbeing." *Journal of Experimental Social Psychology* 53, 156-162.

Lane, R. D. 2000. "Neural Correlates of Conscious Emotional Experience." In *Cognitive Neuroscience of Emotion,* edited by R. D. Lane and L. Nadel (pp. 345-370). New York: Oxford University Press.

Little, A. C., B. D. Jones, and L. M. DeBruine. 2011. "Facial Attractiveness: Evolutionary Based Research." *Philosophical Transaction of the Royal Society* 366: 1638-1659.

Loehr, J., and T. Schwartz. 2003. *The Power of Full Engagement: Managing Energy, Not Time, Is the Key to High Performance and Personal Renewal.* New York, NY: The Free

Press.

Lyubomirsky, S., K. M. Sheldon, and D. Schkade. 2005. "Pursuing Happiness: The Architecture of Sustainable Change." *Review of General Psychology* 9(2). https://doi.org/10.1037/1089-2680.9.2.111.

Nettle, D. 2006. *Happiness: The Science Behind Your Smile.* Oxford: Oxford University Press.

Sauer-Zavala, S. E., E. C. Walsh, T. A. Eisenlohr-Moul, and E.L.B. Lykins. 2013. "Comparing Mindfulness-Based Intervention Strategies: Differential Effects of Sitting Meditation, Body Scan, and Mindful Yoga." *Mindfulness* 4, 383-388.

Schmidt, A. 2005. *Dipa Ma: The Life and Legacy of a Buddhist Master.* Cambridge: Windhorse Publications.

Strasser, P. 2017. "Meditative Smiling-A Path to Wellbeing." MAPP, University of East London, School of Psychology. https://www.makelifegr8.com/wp-content/uploads/2018/10/Research-Embodied-Positive-Mindfulness.pdf.

Wolfe, W. L., and K. Patterson. 2017. Comparison of a Gratitude-based and Cognitive Restructuring Intervention for Body Dissatisfaction and Dysfunctional Eating Behavior in College Women. *Eating Disorders* 25(4), 330-344. https://doi:10.1080/10640266.2017.1279908.

Augsburger, D. W. 1982. *Caring Enough to Hear and Be Heard: How to Hear and How to Be Heard in Equal Communication*. Grand Rapids, MI: Baker Publishing Group.

Bryant, F. 2003. "Savoring Beliefs Inventory (SBI): A Scale for Measuring Beliefs about Savouring." *Journal of Mental Health* 12(2), 175-196. https://doi:10.1080/0963823031000103489.

Crum, A. J., and E. J. Langer. 2007. "Mind-set Matters: Exercise and the Placebo Effect." *Psychological Science* 18(2), 165-171.

Garland, E. L., N. A. Farb, P. Goldin, and B. L. Fredrickson. 2015. "Mindfulness Broadens Awareness and Builds Eudaimonic Meaning: A Process Model of Mindful Positive Emotion Regulation." *Psychological Inquiry* 26(4), 293-314. https://doi.org/10.1080/1047840X.2015.1064294.

Hong, P. Y., D. A. Lishner, and K. H. Han. 2014. "Mindfulness and Eating: An Experiment Examining the Effect of Mindful Raisin Eating on the Enjoyment of Sampled Food." *Mindfulness* 5, 80-87.

Kabat-Zinn, J. 2012. *Mindfulness for Beginners: Reclaiming the Present Moment and Your Life*. Boulder, CO: Sounds True.

Levy, D. M., J. O. Wobbrock, A. W. Kaszniak, and M.

Ostergren. 2012. "The Effects of Mindfulness Meditation Training on Multitasking in a High-Stress Information Environment." *Proceedings of Graphics Interface.* Toronto, Ontario: Canadian Information Processing Society, 45-52.

Louv, R. 2008. *Last Child in the Woods: Saving Our Children from Nature Deficit Disorder.* Chapel Hill, NC: Algonquin Books.

Oishi, S., E. Diener, D. Choi, C. Kim-Prieto, and I. Choi. 2007. "The Dynamics of Daily Events and Well-being Across Cultures: When Less Is More." *Journal of Personality and Social Psychology* 93(4), 685-698.

Ryan, R. M., C. M. Frederick, D. Lepes, N. Rubio, and K. M. Sheldon. 1997. "Intrinsic Motivation and Exercise Adherence." *International Journal of Sport Psychology* 28, 335-254.

Spence, C. 2015. "Eating with Our Ears: Assessing the Importance of the Sounds of Consumption on Our Perception and Enjoyment of Multisensory Flavour Experiences." *Flavour* 4, 3. https://doi.org/10.1186/2044-7248-4-3.

Ulmer, C. S., B. A. Stetson, and P. G. Salmon, 2010. "Mindfulness and Acceptance Are Associated with Exercise Maintenance in YMCA Exercisers." *Behaviour Research and Therapy* 48(8), 805-809. https://doi.org/10.1016/j.brat.2010.04.009.

Villablanca, P. A., et al. 2015. "Nonexercise Activity

Thermogenesis in Obesity Management." *Mayo Clinic Proceedings* 90(4), 509-519.

Wen, Y., Q. Yan, Y. Pan, X. Gu, and Y. Liu. 2019. "Medical Empirical Research on Forest Bathing (Shinrin-yoku): A Systematic Review." *Environmental Health and Preventive Medicine* 24, 70. https://doi.org/10.1186/s12199-019-0822-8.